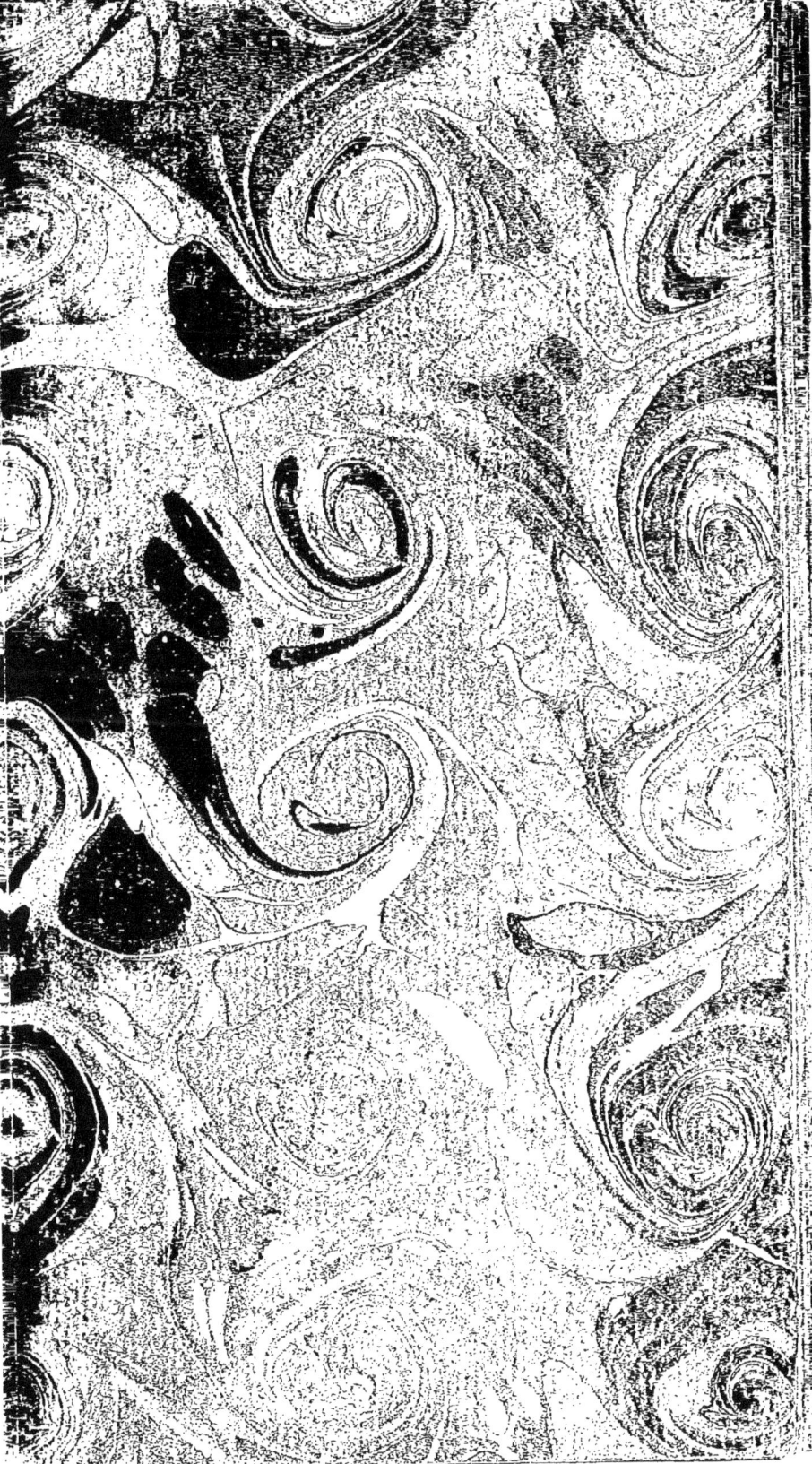

COUTUMES
GÉNÉRALES
DU DUCHÉ
DE LORRAINE,

POUR LES BAILLIAGES DE NANCY,
VOSGE ET ALLEMAGNE.

NOUVELLE ÉDITION,

Revue & corrigée.

À PARIS,

DE L'IMPRIMERIE DE VALADE;

& se trouve à NANCY,

Chez BONTHOUX, Libraire.

M. DCC. LXXXIII.

AVEC PERMISSION.

COUTUMES
GÉNÉRALES
DU DUCHÉ
DE LORRAINE,

*Pour les Bailliages de Nancy,
Vosge & Allemagne.*

TITRE PREMIER.

Des Droits, État, & Condition des Personnes.

ARTICLE PREMIER.

AU Duché de Lorraine il y a Clercs & Laïcs.

ART. II. Entre les Clercs, aucuns sont mariés, aucuns non. Les mariés jouissent de leurs priviléges, si longuement qu'ils portent la tonsure, & l'habit clérical, & servant à une Eglise, hôpital ou séminaire; à faute de ce, ils les perdent.

ART. III. Les non-mariés, portant la tonsure & l'habit clérical, en jouissent aussi. Si toutefois ils défaillent à l'un ou à l'autre, & préadmonestés de l'Evêque, ils demeurent contumaces, ils en sont privables.

ART. IV. Entre les Laïcs, il y en a de trois sortes : Gentilshommes, Annoblis & Roturiers.

ART. V. Des Gentilshommes, les uns sont de l'ancienne Chevalerie du Duché de Lorraine, & les autres non. Ceux de l'ancienne Chevalerie jugent souverainement, sans plainte, appel ni revision de

A ij

Procès, avec les Fiefvez leurs Pairs, de toutes Caufes qui s'intentent aux Affifes du Bailliage de Nancy; comme auffi des Appellations qui y reffortiffent de celles des Bailliages de Vofge & d'Allemagne; enfemble de toutes autres qui s'interjettent du Change & Siéges fubalternes, à l'Hôtel de Monfeigneur le Duc: Jugeant auffi fouverainement, & en dernier reffort, ès furs Affifes du Bailliage de Vofge, & faits poffeffoires au Bailliage d'Allemagne.

Art. VI. Les Annoblis font privables des prérogatives de Nobleffe, s'ils ne vivent noblement.

Art. VII. Entre les Roturiers, il y en a quelques-uns des francs, les uns de priviléges & immunités immémoriales; autres par leurs États & Offices; & les autres à caufe des lieux de leurs demeurances.

Art. VIII. Les non-francs demeurent fujets & attenus envers leurs Seigneurs, aux charges, préftations & fervitudes accoutumées, tant réelles que perfonnelles, felon l'ancienne condition de leurs perfonnes, nature & qualité des biens par eux tenus & poffédés, lieux de leur naiffance ou demeurance.

Art. IX. Tous font jurifdiciables, ès actions civiles & perfonnelles, devant leur Juftice domiciliaire.

Art. X. Généralement, le Fruit fuit la condition du Pere, bien qu'entre Gentilshommes, le Fruit foit habilité de la condition de fa Mere, à prendre & avoir fiége aux Affifes, fi elle ne s'eft méfalliée.

Art. XI. Auffi fuivent les Femmes mariées (de quelle qualité elles foient) les conditions, priviléges, immunités & fervitudes de leurs Maris, pendant leur mariage, & durant leur viduité.

Art. XII. Les Bâtards avoués des Gentilshom-

mes, feront de la condition des Annoblis, pourvu
qu'ils fuivent l'état de Nobleffe ; & porteront tel
nom & titre que le Pere leur voudra donner : mais
ils barreront leurs furnoms en leurs fignatures, &
porteront les armes de leurs Peres, barrées de barres traverfant entiérement l'écuffon de gauche à
droite; & ne leur fera loifible, ni à leurs defcendans,
d'ôter les barres.

Art. XIII. Les Bâtards des gens Annoblis prendront la condition des Roturiers.

Art. XIV. Defdites perfonnes, les unes font
en leur puiffance, les autres fous celle d'autrui.

Art. XV. Celles qui font en leur puiffance,
font les Peres, les Femmes veuves, les Fils mariés,
foit mineurs ou majeurs de vingt ans, & autres
étant en âge de vingt ans complets.

Art. XVI. Les Femmes mariées font en la puiffance de leurs maris; les Enfans de famille en cell
de leurs Peres ; & les mineurs, ou autres réputés
tels, en la tutele de leurs Gardiens, Tuteurs ou
Curateurs.

Art. XVII. Ceux qui mariés ou majeurs, font
néanmoins réputés mineurs, font les Furieux, ou
autrement altérés de leurs efprits ; & les prodigues,
auxquels, pour leur prodigalité, a été interdite
l'adminiftration de leurs biens, ainfi que faire fe
peut à la requête des parens, ou autrement, à connoiffance de caufe légitime.

Art. XVIII. Enfans de famille ne doivent, fans
le gré, vouloir & confentement de leurs Peres &
Meres, contracter Mariage : autrement peuvent
pour cette ingratitude être exhérédés; même demeurent incapables de tous profits, avantages & donations à caufe de nôces, & autrement que par les
Contrats de tels Mariages, ou par la Coutume, leur
pourroient appartenir. Et ceux qui font trouvés

avoir été premiers auteurs & pratiqueurs de tels Mariages, ou y avoir affifté fciemment, contre l'intention defdits Peres & Meres, entre Gentilshommes, font puniffables corporellement ; entre Annoblis & Roturiers, font envers leurs Seigneurs Hauts-Jufticiers amendables d'une amende arbitraire, à la concurrence du tiers de leur bien.

Art. XIX. Si toutefois lefdits Fils & Filles âgés de vingt ans complets, ont requis le confentement & avis de leurfdits Peres & Meres, & leur étant icelui dénié, paffent outre à contracter Mariage, ils font, eux, & ceux qui les auront en ce adhéré, exempts d'encourir lefdites peines. De même, s'il avient que les Meres paffent en fecondes Nôces, fuffit de leur avoir demandé avis & confeil, fans néceffité d'attendre leur confentement.

Art. XX. Les enfans mineurs, & qui font fous la tutele d'autrui, ne peuvent auffi avant l'âge de vingt ans contracter mariage, fans l'exprès confentement de leurs Tuteurs, ou de leurs Parens bien proches, au nombre de trois ou quatre : autrement ils, & ceux qui les auront à ce induits & affiftés, feront puniffables de chatoy corporel entre Gentilshommes ; & entre Annoblis & Roturiers, de peine arbitraire.

Art. XXI. Femme mariée ne peut difpofer de fes biens, foit par contrat entre-vifs, ou ordonnance de derniere volonté ; ni efter en Jugement, contracter ou s'obliger valablement, fans l'autorifation de fon mari, fi elle n'exerce Marchandife publique, au vû & fû d'icelui, & pour le fait de ladite Marchandife feulement ; auquel cas peut être convenue & défendue, fans intervention de fon mari ; & néanmoins le Jugement rendu contre elle, fera exécutoire fur les biens de leur Communauté ; & au défaut d'iceux, fur fes biens propres, voire par fupplément & fubfidiairement, fur ceux de fon Mari.

ART. XXII. Et généralement entre Gentilshommes, Annoblis & Roturiers, ne peut le Mari autoriser sa Femme de contracter, ou autrement disposer pour l'avantager directement ou indirectement.

ART. XXIII. Peut toutefois poursuivre & défendre en Jugement & dehors, les droits, noms & actions de sa Femme sans sa procuration.

ART. XXIV. Es matieres civiles d'injures verbales ou réelles, communément dites de Délits, les Peres & Maris appellés en Jugement au nom de leurs Fils ou Femmes, les désavouans, ne peuvent être, eux vivans, exécutés en leurs biens pour satisfaction de l'adjugé; ains se doivent prendre les amendes & intérêts sur les biens propres des condamnés ausdites injures & excès (si aucuns en ont) sinon pour ce qui touche la Femme, sur les biens de la Communauté : Mais aussi ne court aucune prescription contre celui qui aura obtenu, sinon après le décès des Peres. Et au cas de tels désaveux, peuvent les Fils de Famille, & Femmes être poursuivies sans l'autorité de leurs Maris : De même ès criminelles.

TITRE II.

De Communauté de biens entre Gens mariés, & leurs enfans.

ARTICLE PREMIER.

ENTRE Gens mariés, les meubles, & choses réputées Meubles, demeurent au survivant, à la charge des dettes personnelles, contractées tant auparavant que pendant le mariage, des frais funéraux, legs, & donations testamentaires, non-assignées sur immeubles, si donc il n'y a contrat de Mariage, par lequel soit traité au contraire; auquel cas le Survivant & les héritiers du prémourant, paient lesdites

A iv

dettes & charges, chacun pour telles cottes & à proportion de ce qu'ils doivent emporter. ✗

Cet Article est interprété par l'Ordonnance de S. A.
en date du dernier Mars 1599, à la postulation des
États convoqués à Nancy le 15 dudit mois; laquelle
Ordonnance se pourra voir à la fin du cahier des
présentes Coutumes, & par icelle est dit : Qu'il n'a
été entendu par ledit Art. pouvoir ni devoir être
préjudicié à ceux, qui contre l'attribution des meu-
bles au Survivant des deux Conjoints, sont fondés
en droits contraire de main-morte, ou autre telle
semblable servitude sur aucuns de leurs Sujets.

ART. II. Peut aussi Communauté desdits meubles
être accordée par Contrat de mariage; & en ce cas,
sont lesdites dettes & charges sus-exprimées, communes au Survivant, & aux héritiers du premier
mourant.

ART. III. Mais est loisible à la Femme de renoncer auxdits droits, & par ce moyen se décharger
des dettes & charges personnelles, en faisant telle
renonciation par jet de clefs sur la fosse, par elle-
même, ou Procureur de sa part spécialement fondé,
dedans quarante jours, après qu'elle aura été avertie
du décès de son Mari, si elle est Gentil-femme ou
Annoblie; si Roturiere, au jour de l'enterrement,
si elle est présente, sinon dedans vingt jours après
qu'elle en aura eu connoissance; pourvu que les
unes & les autres, auparavant ni depuis le tems de
leur science, ne se soient aucunement entremises à
ladite Communauté; par prise, distraction, récele-
ment desdits meubles, ou autrement, dont elles
se purgeront par serment, si l'héritier ne veut faire
preuve du contraire. Et au cas de ladite rénonciation,
leur demeurera seulement pour toutes choses, l'ha-
billement ordinaire, sans aucunes bagues, Joyaux,
ni Orfévreries d'or ou d'argent.

Art. IV. Et ne feront les Femmes, pour telle Renonciation, exclues des meubles feulement, mais auffi des Acquêts & Conquêts faits conftant leurs Mariages; leur demeurant néanmoins le douaire fauf, foit Préfix ou Coutumier.

Art. V. Ne leur fera toutefois de néceffité, avant ledit tems, vuider de la maifon mortuaire, ni imputé à acte d'Héritiere ou Succefferefle, d'avoir ufé des provifions y délaiffées pour leur vivre, & de la Famille, fauf qu'avenant ladite Renonciation, ce qu'elles en auront pris, leur fera prifé, & elles tenues à en rendre le prix de l'eftimation, dont elles devront, comme du furplus, fe purger par ferment.

Art. VI. Gens mariés entrent dès la folemnifation du Mariage, en communauté d'Acquêts & Conquêts Immeubles, qu'ils font conftant icelui, foit que les Femmes foient dénommées aux contrats d'iceux, ou non.

Cet Art. eft interprété par Ordonnance de S. A. en date du 16 Sept. 1694, à la poftulation des États; laquelle Ord. fe pourra voir à la fin du ca- hier des préfentes Coutumes, où il eft dit : Que comme on tient au Bailliage d'Allemagne, de coutume ancienne, les Femmes n'avoir été participantes d'Acquêts, fi elles n'étoient dénommées ès contrats d'iceux; ainfi s'il en y fourdoit difficulté entre Parties, elles ne font par ce obligées à ladite Coutume, felon qu'elle eft écrite audit cahier; ains à ce qu'en ce fait elles prouveront avoir été pratiqué ci-devant : Et d'abondant, qu'en tous les Bailliages, ladite Communauté ne pourra avoir lieu ès-Acquêts faits par le Mari de Succeffion immeubiliaire, qui pouvoit lui avenir par hoirie & fucceffion *ab inteftat* (lors principalement que le prix ne répondroit à la valeur des chofes acquêtées,) n'étoit donc que

la Femme fût expreſſément dénommée au Contrat;
ſauf que ſi ledit Mari avoit aliéné du bien propre de
la Femme, pour ſatisfaire à l'acquiſition, en ce cas
les biens d'icelle, ou partie, lui demeureront obligés, à la concurrence & à proportion deſdits deniers, juſqu'à la reſtitution d'iceux.

Art. VII. Et ſoit que pour les meubles y ait
Communauté accordée, telle qu'elle eſt ès Acquêts,
ou non; ſi eſt-ce que des uns & des autres indifféremment, le mari eſt, conſtant le Mariage, maître
& Seigneur, & en a la libre diſpoſition, ſans le conſentement de ſa Femme, ſoit par contrat entre-vifs,
ou Ordonnance de volonté derniere.

Art. VIII. Le Mari a l'adminiſtration des biens
de ſa Femme, de quelque côté ils lui ſoient obvenus, & en fait les fruits ſiens, mais ne les peut
échanger, partager, hypothéquer, vendre, charger, ou autrement aliéner, qu'avec libre conſentement d'icelle, de lui pour ce düement autoriſée.

Art. IX. Où il y a Communauté deſdits Meubles & Acquêts, le Survivant doit faire inventaire
incontinent après le décès, s'il y a enfans mineurs:
autrement leur eſt loiſible de demander Communauté deſdits biens meubles & Acquêts, juſqu'au
tems que ledit Inventaire aura été düement fait, ſoit
que ledit ſurvivant paſſe à autres nôces, ou non.
Et ſi ladite Communauté ſe trouvoit de moindre faculté qu'elle n'étoit au tems dudit décès, eſt en la
liberté deſdits mineurs de répéter leſdits meubles,
ſelon leur valeur & eſtimation au tems de ladite
Communauté diſſoute, & non telle qu'elle pourra
être au tems de ladite répétition, ſi elle ſe trouve
diminuée.

Art. X. Si le Mari vend ou conſtitue, pendant
le mariage, quelque rente ſur tous ſes biens & héritages, après ſon décès la Femme meubliaireſſe en

demeure pour le tout obligée, soit qu'elle y ait consenti ou non : Et s'il y a Communauté de meubles, de la moitié contre les héritiers du trépassé pour l'autre. Si elle est spécialement constituée sur aucuns Héritages dudit mari, ses héritiers en sont tenus, & en demeure la Femme déchargée, sauf qu'elle doit les arrérages échus au jour du décès d'icelui, selon qu'elle emporte lesdits meubles.

Art. XI. De même si elle a été constituée sur biens propres de la Femme par son consentement, le Mari est tenu des arrérages échus au jour du décès d'icelle, en tout, ou pour la moitié, selon qu'il prend des meubles ; & les héritiers succédans à l'héritage affecté, du sort & des rentes à échoir. Si c'est sur Acquêts, le mobiliaire doit seul acquitter les arrérages échus ; & de-là demeure cette charge commune à lui & aux héritiers du défunt, tant au sort qu'en la rente ; & ne peut l'acheteur de telle rente, se prendre à la généralité des biens, sinon après la discussion de la chose spécialement hypothéquée, faute de pouvoir sur icelle recouvrer ce qui lui est dû.

Art. XII. Au tems du décès de l'un ou de l'autre des Conjoints, les Fruits ensemencés ès héritages propres du décédé, ou ès Acquêts de la Communauté, pendant encore par la racine, appartiennent aux héritiers de celui à qui appartenoient lesdits héritages. S'ils sont séparés du fonds, ils sont ameublis, & appartiennent aux Successeurs mobiliaires.

Art. XIII. Deniers donnés à Filles de Gentilshommes, en mariage, sont réputés fonds & patrimoine à la Femme, sujets à retour, ou emploi en héritages à son profit. Entre Annoblis & Roturiers, tels deniers sont censés meubles, demeurant au Survivant, s'il n'y a traité de mariage au contraire.

Art. XIV. Si pour l'assurance de tels deniers

*

ou Douaire, ou autres avantages faits à la Femme
par son traité de mariage, un tiers a fait donation
des biens, sur lesquels soient ces choses assignées,
ou se soit autrement obligé; & depuis par quittance,
ou autre fait du Mari, ledit tiers se trouve déchargé
de telles Fidéjussions, Promesses ou Donations;
telles décharges sont nulles pour l'égard de ce qui
touche l'intérêt de la Femme, en l'assurance ou as-
signal de sa dot, & autres tels avantages & donations
à cause de Nôces.

Art. XV. Si le Mari, ou la Femme, durant
& constant leur mariage, font quelques bâtimens,
édifices ou réparations sur le fonds de l'un ou de l'autre, le tout cede & demeure à celui d'eux auquel
appartenoit le fonds bâti ou réparé, soit de patrimoine ou d'Acquêt, fait auparavant la solemnisation
du Mariage.

Art. XVI. Les deniers clairs provenant du bien
de l'un ou l'autre des Conjoints, vendus pendant
leur Mariage, & jà reçus, sont censés meubles &
propres au Survivant; & n'est tenu le Mari employer
en Acquêts les deniers venus de la vente du fonds du
patrimoine de sa Femme : ains s'il en a fait quelque
acquisition, ou même des deniers de la vendition de
son propre & naissant, tels Acquêts leur sont communs, & à leurs héritiers mobiliaires.

Art. XVII. Si le bois de haute futaie, taillis ou
autres revenus des biens du Mari, vendus à un coup
pour plusieurs années, & dont la coupe & la levée
échet successivement, à divers tems, les deniers
ont été payés du vivant du Mari, encore qu'ils
soient en bourse, non dépensés, si appartiennent-
ils à l'héritier ou au successeur mobiliaire. S'ils sont
atermoyés & ils sont dûs de coupes & levées jà
faites du vivant du Mari, ils appartiennent, comme
dessus, à l'héritier mobiliaire. Ou si de coupes &

levées à venir, & non encore faites, les deniers doivent être payés à celui ou ceux auxquels les biens dont les coupes ou levées font à écheoir, appartiennent en propriété, Douaire, ou Ufufruit.

Art. XVIII. Si telle vendition se trouve faite fur les biens de la Femme, avec fon confentement, les deniers en provenant doivent être réglés comme deffus. Si fans fon confentement, & lors de la diffolution du mariage, font dûs quelques deniers par les Acheteurs, le tout lui appartient; & ne tiendra telle vendition pour les années à écheoir, fi bon ne lui femble.

Art. XIX. Tout ce que deffus eft entendu au cas qu'il n'y ait convenance en traité de Mariage, faifant au contraire. Que fi aucune s'en trouve, doit être généralement fuivie, felon l'accord & traité des parties en icelui, nonobftant toutes Coutumes contraires.

COUTUMES NOUVELLES
DU MÊME TITRE.

Entre Gens mariés.

ARTICLE PREMIER.

SI de biens propres à l'un des deux Conjoints, vendus conftant le mariage, le prix en tout ou partie eft dû au tems de la diffolution dudit mariage; ce qui en eft ainfi dû, & fe trouvera n'avoir encore été payé, eft cenfé de même nature que la chofe vendue, & doit appartenir aux héritiers immobiliaires de celui à qui elle étoit propre.

TITRE III.

Des Douaires.

ARTICLE PREMIER.

IL y a deux especes de Douaire: l'un Coutumier, & l'autre Préfix.

ART. II. Le Coutumier est tel, que la Femme survivant le Mari, a & emporte pour Douaire la moitié du bien propre d'icelui, & duquel elle est saisie aussi-tôt que l'ouverture en est faite : tellement que si elle y est troublée par les héritiers du Mari, ou autres, elle peut en intenter complainte de nou-velleté : Et ores qu'au traité de leur Mariage n'en seroit fait mention, si ne laisse-t-elle pour ce d'ainsi l'avoir & en jouir.

ART. III. Le préfix est celui qui a été convenu & limité à la Femme par le traité de mariage, du-quel la veuve n'est saisie comme du Coutumier ; mais advenant qu'elle y soit empêchée, peut agir du Contrat, à ce que les héritiers de son Mari aient à le lui délivrer, & l'en faire jouir selon qu'il lui a été assigné. Et si le Procès a apparence de prendre trait, lui doit être cependant sur ce dont elle fait instance, (vu le traité) provision adjugée, à l'arbitrage du Juge.

ART. IV. Et encore que Douaire préfix soit as-signé à la Femme par traité, sans réserve précise de pouvoir opter le Coutumier, si ne laisse-t-elle pource d'en avoir le choix & option, pourvu toute-fois, entre Gentilshommes & Annoblis, qu'après avoir en certitude du décès de son Mari par quel-qu'un des héritiers, ou autrement elle en fasse décla-ration dans quarante jours auxdits héritiers, ou à son Juge domiciliaire, & entre Roturiers dans vingt jours : à faute de ce, est obligée s'arrêter au Préfix.

ART. V. La Femme ayant, par son traité de mariage, Douaire préfix & limité, ne peut le Mari au préjudice d'icelui, charger, vendre, obliger ni hypothéquer valablement les héritages y affectés, que l'usufruit ne demeure toujours sauf à la Douairiere ; si donc il ne lui assigne Douaire en autre lieu, & tant qu'il sera possible, égal au limité, en value & commodité, à l'arbitrage de deux des parens de la Femme, tels qu'elle les optera & appellera.

ART. VI. La Femme qui a Douaire, est en tout cas tenue d'entretenir les édifices & héritages qu'elle tient en Douaire, de réfections, & tous autres entretenemens nécessaires ; sauf le vilain fondoir & grosses réparations : à l'effet de quoi doivent les propriétaires, interpellés de la Douairiere, faire incontinent visiter, à frais communs, lesdits édifices & héritages par la Justice, à ce de connoître l'état d'iceux, à la conservation de leurs droits ; & pour ensemblable qu'ils seront trouvés ou mis par les propriétaires, être par la Douairiere entretenus, & rendus par ses héritiers, après la consolidation de l'usufruit à la propriété, s'il n'y a été satisfait de son vivant.

ART. VII. Et pour à ce satisfaire plus commodément, la Douairiere peut (ledit propriétaire appellé, ou la Justice à son défaut & absence) prendre bois de Maronage ès Bois du lieu, ou de la Seigneurie où elle est douairée, autant qu'il en sera besoin pour lesdites reparations, non autrement, ni à autre usage.

ART. VIII. Quant ès lieux & terres où la Femme jouit du Douaire Coutumier, sont bois destinés à coupe & vente ordinaire, la Douairiere a la moitié du profit des ventes desdits bois, selon qu'elles ont

été deſtinées & accoutumées auparavant ledit douaire
échu. Mais ſi aucunes ventes ne s'en trouvent avoir
été accoutumées, elle n'en doit jouir, ſinon y prendre & avoir pour ſon chauffage, bois-mort & mort-
bois, & autres néceſſaires à ſubvenir aux charges
& réparations, ſelon qu'il a été dit ci-devant, &
du tout uſer en bonne Mere de famille.

ART. IX. Si de bois de haute futaye la Douairiere a douaire ſur les glands ou fruits venant d'iceux
bois ; le propriétaire ne laiſſera de pouvoir vendre
deſdits bois ; mais il ſera tenu de réaſſigner rente
convenable, pareille à celle que pouvoit recevoir
la Douairiere.

ART. X. Eſt auſſi la Douairiere tenue, le tems
de ſon douaire durant, acquitter les rentes, cens,
& autres charges foncieres, dues à cauſe des héritages par elle tenus à ce titre. Si par ſa négligence,
& à faute d'entretenement, ils ſont vus ſe préparer
à ruine, ou autrement ſe détériorer, peuvent les
propriétaires la faire ſommer par Juſtice, de ſatiſ-
faire ſans plus longue demeure, aux réparations
néceſſaires dont elle eſt attenue, pour obvier à
telles ruines & détériorations ; à quoi elle ſera tenue de ſatisfaire, à peine d'être les fruits & levées,
ſaiſis ſous la main de Juſtice, juſqu'au parachève-
ment deſdites réparations, & dédommagement deſdits propriétaires.

ART. XI. La Douairiere peut vendre & céder
le droit de ſon Douaire à qui bon lui ſemble, ſans
toutefois pouvoir empêcher le propriétaire de venir
à la retraite ; & à charge & condition aux acheteurs
d'entretenir les héritages, comme Douairieres ſont
attenues.

ART. XII. Es lieux ou les Maris ont accoutumé
de prendre & avoir douaire ſur les biens de leurs
                                          Femmes,

Femmes, font à cet égard tenus à pareils entretenemens, charges & conditions que les Femmes.

Art. XIII. Advenant que la Femme mariée ab-
fente la compagnie de fon Mari fans caufe, pour
fuivre un autre, ou qu'elle en foit retirée par adul-
tere, & que depuis elle ne fe foit retirée ni récon-
ciliée à lui, elle eft de ces faits privable de fon
douaire.

Art. XIV. Le Mari chaffant fa Femme pour
retenir une concubine, fe rend privable de fon
douaire.

Art. XV. Pour le méfait du Mari, ne perd
la Femme fa part des Acquêts faits conftant leur
Mariage, ni fon douaire; lequel éteint, retourne
au Seigneur, auquel la confifcation en appartient.

Art. XVI. Pour les méfaits de la Femme, ne
perd le Mari fon douaire, aux mêmes conditions
que deffus; ni les meubles & Acquêts, defquels il
eft toujours Seigneur & maître pendant qu'il eft
vivant.

Art. XVII. Mais s'il meurt fans en avoir dif-
pofé, la part des meubles & Acquêts qui feroient
affectés aux héritiers de la Femme, retourneroient
au Seigneur, à qui eft due la confifcation.

TITRE IV.

Des Gardes-Nobles, Tutelles, Curatelles & Emancipations.

Article Premier.

Entre Gentilshommes & Annoblis, la Garde-
Noble; & entre Roturiers, la Tutelle de leurs enfans mineurs, appartient légitimement aux Peres
& Meres, & à leur défaut, aux Ayeuls ou Ayeules,
& autres afcendans, s'il n'y a caufe légitime y em-

B

pêchante. Et tant & ſi longuement que les Peres & meres en demeurent Gardiens-Nobles, ils font les fruits leurs, & des biens qui jà ſont obvenus auxdits Mineurs, & de ceux qui leur pourront advenir, le tems de leur minorité durant, ſans être obligés d'en rendre compte : à la charge toutefois de l'entretenement, bonne nourriture & élévement, tant des perſonnes de leurſdits enfans, ſelon leur état & condition, que conſervation de leurs biens, acquit & décharge des cens & redevances annuelles, dont les héritages peuvent être chargés, & de la pourſuite de leurs cauſes & actions, ſans aucuns dépends aux mineurs.

Cet article eſt interprété par Ordonnance de S. A. en date du 16 Septembre 15̲2̲4̲, à la poſtulation des États ; laquelle Ordonnance ſe pourra voir à la fin du cahier des préſentes Coutumes, à l'égard de ce qui touche la Garde-Noble des Enfans aux Peres & Meres qui feront les fruits leurs, tant que de ce qu'obvenu ſeroit auſdits Mineurs, que de ce qu'obvenir leur pourrôit, le temps de leur minorité durante ; où il eſt dit : Que cela s'entend de ce qui leur adviendra ab inteſtat : car advenant que celui de qui le bien proviendra, ait, par Teſtament, ou autre Ordonnance, nommé un autre que le Pere ou la Mere, pour gouverner le bien qui doit écheoir aux Mineurs, & à leur profit rendre compte des fruits, levées & apports d'iceux pardevant le Juge qu'il ordonnera ; ſa volonté en ce ſoit ſuivie.

ART. II. Toutefois s'il y a Communauté de Meubles, contractée entre les Peres & Meres deſdits Enfans, le Survivant, ou leſdits Aſcendans entrans à la Garde-Noble ou Tutelle d'iceux, ſont tenus faire de la part deſdits Mineurs fidele Inventaire, & ſolemnel. Le même indiſtinctement de ceux qui pendant leſdits Gardes ou Tutelles leur peuvent ad-

venir d'ailleurs en ligne directe ou collatérale ; &
d'iceux, & du profit qu'ils en auront fait, rendre
bon & fidele compte, lesdits Gardes & Tutelles
finies.

ART. III. Et sont icelles continuées aux Peres ou ✗
Ayeuls, jusques à la majorité desdits Enfans, ores
qu'ils se remarient ; & aux Meres ou Ayeules, tant
& si longuement qu'elles demeurent en viduité.

ART. IV. Finies ou défaillantes lesquelles Gar-
des-Nobles, Tutelles, légitimes ou testamentaires,
entre Gentils-Hommes, on doit choisir un ou deux
Tuteurs en Assemblée de Parens, en Assises ou hors
Assises ; & l'élection faite, les Tuteurs ainsi élus &
choisis, doivent être confirmés par S. A. ; & après
la confirmation, faire dresser au plutôt & duement,
Inventaire des biens desdits Mineurs ; pour ladite
Tutelle expirée, ou s'il échet, pendant icelle, en
remontrer, avec le surplus de leur administration,
Compte entier & complet.

ART. V. Pour Annoblis, advenant le cas desdites Tutelles, est de l'Office des Procureurs-Généraux d'y pourvoir ; & à ces fins, les Parens des Mineurs appellés, & ouïs en leur avis, instituer tel
d'entr'eux, qu'ils connoissent à ce plus propre & capable.

ART. VI. Entre Roturiers, est aussi auxdits Procureurs d'y pourvoir, pour les Mineurs des Sujets
de S. A., en ses hautes Justices ; & aux Procureurs
d'Office, en celles des Ecclésiastiques & Vassaux ;
les Parens desdits Mineurs par-tout préalablement
appellés & ouïs.

ART. VII. Généralement tous Tuteurs, sans exception de personne, sont tenus de prêter serment
de bien & fidélement régir & administrer les biens
de leurs Mineurs, & faire les submissions d'en rendre
compte en tel cas requises. Et les Testamentaires

d'abondant, de faire paroître par oſtention de l'article du Teſtament, où ils ſont dénommés Tuteurs
ou autrement, que tels ils ſont élus & choiſis par
les Défunts.

Aʀᴛ. VIII. Tous ceux généralement qui d'autorité
privée s'entremettent & ingerent à l'adminiſtration
des biens des Pupilles, ſont mulétables d'amende
arbitraire, & obligés d'en rendre compte très-exaét
& fidele; leurs Biens, dès le tems de cette entre-
miſe, demeurant affeétés à la ſatisfaction; & à faute
de moyens, ſujet à châtoy corporel à l'arbitrage du
Juge.

Aʀᴛ. IX. Tutelles données par Teſtament du
Pere ou de la Mere, mourant en veuvage, ſont préférables à toutes autres; toutefois toutes ſujettes à
confirmation, & autres charges ci-deſſus déclarées
ès quatrieme & ſeptieme article.

Aʀᴛ. X. Tous Tuteurs qui ſont inſtitués, réſi-
dans hors le Pays de Lorraine, ſont obligés de bailler dedans le Pays Caution ſolvable de l'adminiſtration & reddition des Comptes de leur Tutelle, &
pour la ſatisfaction de ce de quoi ils ſeront trouvés
redevables par iceux.

Aʀᴛ. XI. Tuteurs donnés à Mineurs, ſont auſſi
Curateurs, ayant l'adminiſtration des perſonnes &
biens de leurs Mineurs juſques à la Majorité. Curateurs proprement ſont appellés ceux qui pour cauſe
extraordinaire, ſont donnés aux Emancipés, à Majeurs, Furieux, Idiots ou Prodigues; auxquels par
connoiſſance de cauſe, eſt interdite l'adminiſtration
de leurs Biens, & autres de qualité ſemblable; &
ſont leſdits Curateurs ordonnés ainſi & en la forme
qui a été dite des Tuteurs.

Aʀᴛ. XII. Mineurs Fils ou Filles, parvenus en
âge de vingt ans complets (ou mariés, ores qu'au
deſſous) ſont tenus pour Majeurs, pouvant légitime-

ment contracter sans intervention de leurs Tuteurs.
Les Emancipés & Majeurs mis en curatelle, sont
censés hors d'icelle, lorsque l'acte ou la cause pour
laquelle ils ont été émancipés, ou mis en curatelle,
a pris sa fin.

Art. XIII. Mineurs, avant leur Majorité, ne
peuvent valablement ester en Jugement sans intervention de leurs Tuteurs; eux, ni lesdits Tuteurs,
ou Curateurs aux Majeurs ou Emancipés, contracter
par aliénation de Biens de leurs Mineurs, Echanges,
Obligations, ou autres especes de Contrats, d'où
leur condition puisse être faite moindre, sans l'auto-
risation & consentement des Procureurs-Généraux,
entre Gentilshommes & Annoblis; & pour les Roturiers, en ce qui est des hautes Justices de S. A.,
en leurs Offices; & des Procureurs d'Offices, ou
autres Officiers à ce établis des Prélats & Vassaux,
Hauts Justiciers en leurs hautes Justices; ouï sur ce
l'avis, & ayant l'assistance d'aucuns des Parens des
Mineurs : Et sont tous contrats faits autrement par
lesdits Mineurs, ou autres personnes étant sous puissance d'autrui, leurs Tuteurs, Gardiens ou Curateurs,
du tout nuls, & de nul effet & valeur, sans aucune
obligation aux Mineurs de la restitution des deniers
par eux reçus; sinon en tant qu'il soit vérifié iceux
avoir été convertis & employés à leur profit.

Art. XIV. Le Pere peut pour cause émanciper
son Enfant, présent ou absent, en quel âge de Minorité il soit; & sont lesdites Emancipations, &
Connoissance de cause, de l'Office & Charge desdits
Procureurs-Généraux, ou d'Office, en pareil qu'il a
été dit des Tutelles.

Art. XV. Sont tenus tous Tuteurs & Curateurs
ainsi institués, confirmés ou donnés; de bien & fidélement régir & gouverner tant les personnes que
biens de leurs Mineurs; chercher leurs profits &

avantages, & éviter leurs dommages au possible ; faire loyal Inventaire en présence des Procureurs-Généraux ou d'Office, ou leurs Substituts, & par leur avis pourvoir à la vente des Meubles périssables, pour obvier à leur détérioration & dépérissement, selon la qualité d'iceux ; & convertir les deniers qui en proviennent, en achat d'Héritages ou autres profits pour leurs Mineurs, à leur commodité plus grande ; & du tout enfin rendre bon compte, & payer les *reliquat*, à peine d'exécution en leurs biens, telle que pour chose jugée.

ART. XVI. Si un Mineur a plusieurs Tuteurs, l'un d'iceux peut être reçu seul à agir, défendre ou poursuivre en Jugement ou dehors, les droits & actions de son Mineur, sans que l'absence des autres puisse apporter aux Parties contre lesquelles se font lesdites poursuites, aucun juste argument de non-procéder ou satisfaire ; à la charge toutefois de faire avouer lesdites poursuites par leurs Co-tuteurs, s'ils en sont interpellés par parties, ou autrement leur est ordonné par Justice.

ART. XVII. Quittances promises, faites ou passées à Tuteurs, pour pratiquer par tel moyen le mariage de leurs Mineurs, & y parvenir sont nulles ; même n'est foi ajoutée à ce que le Mineur marié, ou le Mari de la Fille en aura reconnu, soit par lesdites Quittances ou Contrats de leur mariage, s'il ne conste que le Tuteur ait légitimement rendu compte de son administration & actuellement acquitté le *reliquat* d'icelui, sans aucune collusion, fraude ou simulation : Et où il en sera convaincu, soit à la plainte ou délation des Mineurs, ou autrement, sera le tout non seulement déclaré nul & sans effet, ains lui, & ceux (hors lesdits Mineurs) qui se trouveront avoir adhéré à telles menées & pratiques secrètes, vraiment vérifiées, mulctés de punitions arbitraires, comme de chose abusive & pernicieuse.

TITRE V.

Des Fiefs & Francs-Aleus.

ARTICLE PREMIER.

LES Fiefs sont généralement de telle nature & qualité, que les Fils & Filles sont capables d'y succéder, comme à biens patrimoniaux. Toutefois entre Gentilshommes, les Freres excluent leurs Sœurs, & ne sont capables de succéder, tant qu'il y a Freres, & leurs descendans, soit Fils ou Filles, à faute desquels elles y héritent.

ART. II. Roturiers ne sont capables de tenir Fiefs en propre; & si à droit d'hoirie ou succession, aucuns leur en obviennent, sont tenus dedans l'an & jour, les remettre entre les mains des Gentilshommes ou annoblis, capables de les retenir & posséder, à faute de quoi sont commis.

ART. III. Si aucuns Fiefs sont légués à Gens d'Eglise, Communautés, Colléges, Prieurés, Hôpitaux, Cures, Chapelles, & Confrairies, ou s'ils en acquierent, sont tenus dedans l'an & jour en rechercher amortissement; & en cas qu'ils ne l'obtiennent, demeurent contraints à la charge du Fief, selon la qualité d'icelui.

ART. IV. Tous Vassaux sont tenus faire foi & hommage, & serment de fidélité à Monseigneur le Duc notre Souverain Seigneur, ou à leurs autres Seigneurs Féodaux, pour raison des Fiefs qu'ils tiennent, & leur en faire service, selon le nombre, investiture & qualité d'iceux.

ART. V. Si interpellé de reprendre, ils en sont refusans, ou dilayans par trois mois, étant au Pays; ou si dehors en Pays étranger, par an & jour; ledit

tems passé, peut S. A. saisir le Fief, & tiendra la
saisie jusqu'à ce que lesdits interpellés auront satisfait
à ladite interpellation.

Art. VI. Lesdites reprises faites, sont données
Lettres de la part de S. A. témoignantes le devoir
des Vassaux, qui réciproquement doivent donner
Reversales de ce de quoi ils auront repris : Et s'ils
ont repris d'une ou plusieurs Seigneuries distinctes
& séparées, doivent en faire déclaration expresse ;
non toutefois des dépendances, sinon en général, &
sans être tenus en donner autre dénombrement par
le menu, si bon leur semble.

Art. VII. Si le Fief pour lequel le Vassal sera
appellé, est prétendu par un autre, être de son
Seigneuriage direct ; comparant le Vassal, & le déclarant dedans le tems ci dessus limité, ou bien se
purgeant par serment, qu'il ne l'estime être Fief,
ains qu'il le tient Franc-Aleu ; il ne le commet, encore que par après il se trouvât être Fief ; & ne doit
être passé à la Saisie dedans autres trois mois, pendant lesquels il fera son devoir de faire juger cette
difficulté par les pairs ès assises extraordinairement,
sans suites ni formalités.

Art. VIII. Tant & si longuement que choses
Féodales demeurent indivisées, & non partagées
entre Freres, l'aîné peut faire d'icelles pour tous,
les Foi, Hommage & Serment de fidélité.

Art. IX. Si les Fiefs échéent à Femmes ou Mineurs, les Maris ou Tuteurs en peuvent faire les reprises en leurs noms : prêter les Foi, & Hommage
& Serment de fidélité, s'ils n'en obtiennent souf-
france.

Art. X. Toutes fois que le Fief change de main,
soit par muance du Seigneur, ou changement du
Vassal, à quelque titre que ce soit, le Fief demeure
obligé

obligé aux Reprises, Foi, Hommage & Serment de fidélité.

ART. XI. Droit de Foi & Hommage au Seigneur direct par son Vassal, ne se peut prescrire.

ART. XII. Les Fiefs se peuvent librement vendre, échanger, ou autrement aliéner ; & peut-on entrer en la possession d'iceux réelle & de fait, sans danger de saisie ni commise.

ART. XIII. Si entre plusieurs, sur les droits de la chose Féodale diversement prétendue, il y a contention & débat, S. A. ou autres ayant Fief sous eux, les peuvent tous recevoir, ou bien tel d'eux que bon leur semblera, sauf leur droit & l'autruy, sans que telle réception leur puisse apporter préjudice, non plus qu'avantages ou désavantages aux contendans.

ART. XIV. Les Fiefs & Francs-Aleus enclavés en Lorraine, tant ès droits possessoires que pétitoires, sont régis & réglés selon les coutumes générales de Lorraine.

ART. XV. Celui qui tient & possede Seigneurie en Franc-Aleu, est exempt à cause d'icelle, de Foi, Hommage, Service, & autres devoirs ; même les Sujets y demeurans, francs & immunis des Aides généraux. Sont néanmoins les Seigneurs & Sujets des Francs-Aleus enclavés en Lorraine, tenus de subir cour aux Bailliages voisins, y étant convenus pour Droits Seigneuriaux ou de Communauté, & de fournir aux prestations & charges communes, pour passages de Gens de guerre, ou autres commodités publiques.

C

TITRE VI.

Des Justices, Droits, Profits & Emolumens d'icelles.

ARTICLE PREMIER.

IL y a trois sortes de Justices; la haute, la moyenne & la basse.

ART. II. La Haute-Justice proprement, est celle qui donne au Seigneur ou ses Justiciers, la puissance de la coërtion, reprimande des délinquans par mort, mutilation de membres, fouet, bannissement, marques, piloris, échelles, & autres peines corporelles semblables. Et sont les gibets ou arbres penderets, signes & marques de Haute-Justice : advenant la chûte desquels gibets & arbres penderets, peuvent être relevés, ou choisis par les Hauts-Justiciers dedans an & jour ; lequel écoulé, sont tenus dès-lors en prendre la permission de S. A. de même que pour de nouveau les ériger & choisir. Ceux toutefois qui ont usage de choisir tel arbre penderet, & en tout tems qu'ils veulent, ils jouissent de leur usage.

ART. III. L'appréhension seule des Criminels; Seps à les détenir par quelque tems, de même la détention d'iceux, à la charge de les rendre ailleurs, & droit de main-morte, ne sont seuls concluans à droit de Haute-Justice, non plus que création de Maire & de Justice, s'ils n'ont autorité de la connoissance des crimes, confection & jugement des procès criminels.

ART. IV. Plusieurs néanmoins ayant la connoissance des crimes, confection de procès des Criminels, & le jugement d'iceux, n'ont gibets, ni l'exécution des Criminels ; ains appartient icelle au Prince, & aux Seigneurs voués : Ne délaissent pour ce toutefois d'être Hauts Justiciers, jouissans au reste des profits & émolumens de Haute-Justice, sinon entant qu'à l'occasion desdites exécutions, ou autrement, le Prince, ou lesdits voués, ont droit d'y participer, en aucuns lieux plus, en autres moins.

Art. V. La création de Maire & Justice pour connoître des crimes; création de Tuteurs & Curateurs, les confiscations, épaves mobiliaires & immobiliaires, comme attrayeres, accrues & acquêts d'eau, biens vaquans, & terres hermes & vagues (en quelques endroits dites de Communauté, en autres Sauvages); hautes amendes arbitraires au dessus de soixante sols; l'autorité de crier les fêtes parochiales, permettre les danses & les jeux aux jours d'icelles, lever corps morts, ériger colombier sur pilliers, & droits de bannalités de fours, moulins & pressoirs, appartient régulierement aux Hauts-Justiciers, si par usage ou droits particuliers, il n'appert du contraire.

Art. VI. Tandis que l'Altesse de Monseigneur est comperfonnier en Haute-Justice avec aucun ou aucuns de ses vassaux, il est le premier dénommé ès cris des fêtes, & les autres comperfonniers après: Et si leurs Officiers de Justice & Sujets sont divisés, le cri se fait par le seul Sergent de S. A.; s'ils sont indivisés, par le Sergent commun.

Art. VII. D'Epave trouvée sous la Haute-Justice d'un Seigneur Haut-Justicier par aucun de ses Sujets, ou autres y résidans, doit, sous peine de l'amende arbitraire, avertissement être fait aux Officiers d'icelui dedans vingt-quatre heures; qui ce fait, la doivent garder par six semaines, & icelle cependant faire publier & annoncer au Prône de l'Eglise Parochiale du lieu, & si en la Paroisse il y a annexe, en la Mere Eglise. Laquelle publication faite, si aucun ne se présente, qui fasse paroître la chose trouvée

C ij

être sienne, elle est acquise audit Seigneur. Si toutefois elle est de chose périssable, pourra avant ledit
tems être vendue, pourvu qne ce soit solemnelle-
ment; mais toujours à charge d'être publiée comme
dessus, & que les deniers en provenans soient, au
lieu de la chose, délivrés à celui à qui elle se trouvera
appartenir, se présentant dedans lesdites six semaines;
les frais de nourriture (si l'Epave est pâturante) & de
Justice précomptés.

Art. VIII. Treuve de Trésor caché de si long-
tems, que vrai semblablement l'on n'ait connoissance
à qui il puisse appartenir, si est elle faite fortuitement
par aucun faisant œuvre en lieu public, appartient
pour la moitié au Haut-Justicier; & pour l'autre, à
celui qui a fait la treuve. Si elle est faite en lieu privé, & par le Maître de l'héritage, un tiers appartient au Seigneur Haut-Justicier, les deux autres
tiers audit Propriétaire & trouvant. Et si un autre
en a fait la treuve, un tiers doit lui en appartenir, un
tiers au Maître de l'héritage, un tiers au Haut-Justicier : Pourvu qu'en tout cas, la treuve lui soit, ou à
son Officier, notifiée dedans vingt-quatre heures par
celui qui l'aura faite, ou de sa part, & qu'elle ne soit
faite autrement d'intention délibérée, par mauvais
artifice; auquel cas, ou dudit récélement, demeure
le tout acquis au Haut-Justicier; & ceux qui s'en
trouvent convaincus, punissables encore d'amende
arbitraire, selon la qualité de leur méfait.

Art. IX. Si en Haute-Justice d'un Seigneur,
aucun meurt *intestat*, sans hoirs de son corps, ou autres habiles à lui succéder, le Seigneur se peut saisir
des biens meubles & immeubles délaissés par le défunt sous sa Seigneurie, en satisfaisant aux dettes,
frais funéraux, legs & dispositions du décédé, si aucunes en y a. Que si le décédé est mort au cas que
les lignes doivent être revêtues, laissant Héritiers en

quelqu'une de ses lignes, en autre non ; le Seigneur représente l'Héritier de celle qui se trouve vacante, & la remplit ; & les autres Héritiers emportent ce qui meut de l'estocage de la ligne, ou lignes desquelles ils se montrent Héritiers ; satisfaisant chacun aux charges héréditaires, selon que les biens qu'ils succedent, s'en trouvent chargés, & pour telle cotte & part qu'ils prennent en iceux.

ART. X. Si quelqu'un ayant délinqué sous la Haute-Justice d'autrui, y est arrêté en délit flagrant de ce fait, & quand le délit n'est disposé à peine corporelle, ou à bannissement, il y est rendu jurisdiciable, encore qu'autrement il n'y soit sujet ni domicilié. Mais si le délit est sujet ou à peine corporelle, ou à bannissement ; en ce cas étant le Délinquant avoué & reconnu homme d'autre Justice, & requêté par le Seigneur d'icelle, il lui doit être rendu, chargé de ses charges, pour en faire faire la Justice ; en satisfaisant préalablement aux dépens, tant de la détention du prévenu, que confection de son procès auparavant le requêtement.

ART. XI. Qui confisque le corps d'Annoblis ou Roturiers, confisque les biens ; & telles confiscations appartiennent à ceux qui ont tels émolumens, ou aux Hauts-Justiciers, selon que les biens soient meubles ou immeubles, se trouvent assis en leur Haute-Justice.

ART. XII. Et combien que l'on tienne régulièrement, les meubles suivent la personne ; si est-ce qu'en cas de confiscation & de succession vacante, le Seigneur Haut-Justicier, ou celui qui est en possession d'en prendre les émolumens, ne peut prétendre autres meubles que ceux qui lors de la confiscation adjugée, ou desdites successions échéantes, se trouvent assis sous sa Seigneurie : Aussi n'est-il tenu des charges personnelles ou réelles, sinon à la concur-

C iij

rence de ce qu'il prend des biens confiqués ou vaquans.

Art. XIII. Entre Annoblis & Roturiers, l'homme
marié, par son forfait, confisque les meubles & la
moitié des acquêts de la Communauté d'entre lui &
sa Femme, avec ses biens propres : Sur iceux toutefois réservé le Douaire de sa Femme, & ce qui
est des deniers de son mariage, sujet à emploi &
retour.

Art. XIV. La Femme mariée confisque ses héritages anciens seulement.

Art. XV. Si l'un ou l'autre des deux Conjoints
commet acte important, peine d'amende pécuniaire ;
telle amende peut être prise sur les biens de la Communauté.

Art. XVI. Biens tenus en fief, à cens perpétuel,
ou à longues années, ou à condition de main-morte,
assis sous la Haute-Justice d'un Seigneur, & tenus
par un qui confisque le corps & biens ; ne sont par
ce acquis au Seigneur Haut-Justicier ; ains retour-
nent à celui à qui appartient la main-morte, ou au
Seigneur censier, ou féodal de la chose.

Art. XVII. Le Seigneur Haut-Justicier peut
aussi défendre à ses Sujets de n'offenser les personnes
qui se craindront ou douteront, en affirmant qu'ils
ont juste occasion de requerir telle défense, à peine
de désobéissance ; & sera la défense réciproque, &
sous même peine. Quant aux Sauves gardes, elles appartiennent à Son Altesse, & se décernent par les
Baillifs, privativement de tous autres.

Art. XVIII. Les Sujets du Seigneur Haut-Justicier ne peuvent s'assembler en Communauté, sans
le signifier au Maire, ou principal Officier du lieu,
lesquels s'y trouveront s'ils veulent, pour les assister
en ce qu'ils ne seront parties.

TITRE VII.

De moyenne-Juſtice.

ARTICLE PREMIER.

LA moyenne-Juſtice eſt celle qui donne autorité & puiſſance au Seigneur d'icelle, de coërtion n'importante mutilation de membres, fouet, banniſſement, ou peine pécuniaire excédant amende de ſoixante ſols; de pouvoir créer Maire & Juſtice, pour connoître des actions perſonnelles, d'injures & de délits ſimples, qui s'intentent entre ſes Sujets, & ne ſont de qualité telle qu'ils doivent excéder ladite amende.

ART. II. Donne puiſſance auſſi d'avoir Seps, & y détenir les délinquans vingt-quatre heures, pour de-là être mis ès mains du Seigneur Haut-Juſticier, ou du Voué.

TITRE VIII.

De baſſe-Juſtice.

ARTICLE PREMIER.

BASSE-JUSTICE eſt celle qui attribue au Seigneur le pouvoir de connoître par ſa Juſtice, des actions deſquelles les amendes ne peuvent exéder dix ſols; des réelles, pétitoires & mixtes concernans les immeubles; de gageres & repriſes faites ſur héritages par leurs Meſſiers, deſquels les amendes ne ſont plus hautes que ladite ſomme de dix ſols; dommages faits ès fruits & chatels des champs; abornemens, & autres actions, ou actes ſemblables, concernans les immeubles & le réglement d'iceux.

ART. II. Un Seigneur Bas-Juſticier toutefois,

C iv

même un Propriétaire de bois, n'ayant autrement juriſdiction au lieu, peut recevoir l'amende de cinq francs pour méſus commis en ſes bois, s'il eſt capable d'amende, ou fondé de titre ſuffiſant.

Art. III. Le Seigneur Bas-Juſticier peut créer Meſſiers & Banvars, ayant puiſſance de reprendre le Bétail trouvé en méſue, ſoit en temps de haut-poil, ou autrement, par échapée, ou garde faite : Et ſont leſdits Meſſiers ou Banvars, de même que les Sergens des hauts, moyens & Bas-Juſticiers, indiſtinctement crûs de leurs rapports & exploits, ſauf de ce d'où leur peut revenir profit ou intérêt en leur particulier : Et les amendes ordinaires deſdites repriſes, deſquelles ſont leſdits Seigneurs Bas-Juſticiers capables, ſont de cinq ſols pour chacune bête, s'il n'y a chartres de plus haute ou moindre amende.

Art. IV. Peut ledit Seigneur Bas-Juſticier ſaiſir & mettre la main à Héritages qui lui ſont cenſables faute de cens non-payé : comme auſſi à requête des parties pour terres qui leur ſont ſujettes à cenſive, faire ſignifier leſdites ſaiſies, & connoître de la civilité ou non des main levées requiſes ſur icelles. Auſſi peut, à requête des Communautés, mettre ban & preſcrire tems certain pour la recolte des fruits pendans ſur terre, & embannir certaines contrées de leurs prés ou héritages, ſous peine aux contrevenans de l'amende de cinq ſols, cinq gros, ou dix ſols, ſelon qu'il eſt d'uſage ès lieux de les prendre & avoir ordinairement.

Art. V. Le Seigneur foncier eſt capable de droit de création de porteur de paulx à recevoir dîmes, & des droits d'attouchement de bois & de fourage, rouage, chommage, & ajuſtement de poids & meſures : même de pouvoir ériger preſſoirs & moulins à ſon uſage ſous ſa Seigneurie; ne peut toutefois les rendre bannaux au préjudice du Seigneur Haut-Juſticier.

Arт. VI. N'ont toutefois tous Seigneurs fonciers indiſtinctement leſdits droits ; bien ſont-ils capables d'en jouir & les avoir, s'il n'y a contr'eux poſſeſſion contraire.

Arт. VII. Celui qui a la Haute-Juſtice, eſt préſomptivement fondé de la moyenne & de la baſſe ; & qui a la moyenne, eſt fondé ſemblablement de la baſſe, s'il ne conſte de titre, jouiſſance, ou preſcription au contraire.

TITRE IX.

Des Succeſſions Directes & Collaterales, Rapports, Collations, Partages & Diviſions.

Article Premier.

En toutes ſucceſſions directes ou collatérales, les Héritiers du Défunt, plus capables & habiles à lui ſuccéder *ab inteſtat*, ſoit de leur chef ou par repréſentation, ſont ſaiſis des biens par lui délaiſſés au jour de ſon décès ; qu'eſt-ce qu'on dit, *le mort ſaiſit le vif.*

Arт. II. Pour ce qui touche la forme, & différence de ſuccéder entre Freres & Sœurs, Fils ou Filles de Gentilshommes, aux biens & hoiries, tant directes de leurs Peres & Meres, qu'autres collatérales ; en ſera donné réglement au cahier des coutumes nouvelles.

Arт. III. Entre Annoblis, les Freres & Sœurs, Fils & Filles, ſans diſtinction du ſexe, ſuccedent également aux biens meubles & immeubles de Fiefs & de Roture à eux obvenus par ſucceſſion de lignes directes ou collatérales ; & en ce y a différence de leur forme de ſuccéder à celles des Gentilshommes ; en tous autres points & articles n'y a aucune diverſité.

Art. IV Entre Roturiers n'y a différence, distinction ni prérogative aucune des Fils aux Filles, ains succedent tous également, & en droits pareils.

Art. V. Une personne, de quelque sexe & qualité elle soit, décédant sans délaisser hoirs de son corps, ni Freres ou Sœurs légitimes germains; ses Freres & Sœurs non-germains sont pour le tout saisis de la succession de ses meubles & acquêts, & de ce d'ancien qu'elle aura délaissé en ligne de laquelle ils lui sont Freres ou Sœurs; les Parens de ses autres lignes, de ce desdits anciens qui se trouvent mouvoir des troncs & estocage d'où ils prennent leur descente; & si elle n'a délaissé aucuns Freres ni Sœurs germains ou non-germains, ni représentans d'iceux, ses cousins légitimes, ou leurs représentans, de sa ligne paternelle, succedent pour la moitié en ses meubles & acquêts, & ceux de la maternelle pour l'autre, sans recherche ni considération de la mouvance desdits meubles, ni des deniers desquels lesdits acquêts pourront avoir été faits d'ailleurs que du chef de celui qui en fait l'encheute, encore qu'il fût notoire iceux lui être obvenus par succession de l'une de ses lignes seulement. Et quant aux héritages anciens, parce qu'ils doivent suivre le tronc & souche dont ils sont descendus, fourchoient, retournans aux Parens de l'estocage des lignes d'où ils sont mouvans & descendans, selon que chacun s'y trouve capable de son chef, ou par représentation, sans aucune considération de la proximité des uns en degré plus que des autres, parce que représentation, tant en ligne collatérale que directe, a lieu infiniment; & sont telles formes de successions communément dites & appellés *revêtement de lignes.*

Art. VI. Freres succedent entr'eux par cottes & portions égales aux successions de leurs Peres &

Meres, & à autres qui peuvent advenir en ligne directe ou collatérale, sauf que s'il y a de l'un d'iceux, ou d'aucuns, plusieurs Représentans succedent lesdits Représentans par branches, c'est-à-dire, autant que le Représenté, s'il fût vivant, non par têtes.

ART. VII. Deniers donnés par forme de soltes en partage, sortissent nature d'immeubles à celui à qui ils sont appartagés.

ART. VIII. Acquet fait par un Prêtre séculier en son nom privé & profit particulier, est à ses Héritiers *ab intestat*, si autrement il n'en a disposé; & peut prendre & avoir les successions de ses parens, de même que que ses parens lui succedent.

ART. IX. Chose échangée, prend & retient la nature & qualité d'ancien ou d'acquêt, telle que l'avoit la chose à laquelle elle a été contr'échangée. Et quant au reglément des successions, advenant que l'échange soit fait avec soltes & retour d'argent, pour mieux value, si elle est de si peu, qu'elle ne revienne de beaucoup à la moitié de la value de la chose donnée ou échangée, lors elle cede au principal; & demeure le tout de la chose reçue en contr'échange, à l'Héritier de celui à qui appartenoit ladite chose échangée, en restituant la moitié de ladite solte aux Héritiers y prétendans part en vertu d'icelle. Mais si l'argent excede la moitié de la value de la chose échangée, y revient ou l'approche, lors peuvent lesdits Héritiers, si bon leur semble, prendre part audit contr'échange, à proportion & concurrence de ladite solte.

ART. X. Si d'héritage propre à l'un ou à l'autre de deux Conjoints, engagé auparavant leur mariage, le rachat est fait constant icelui, il retient sa nature de Propre, au profit de celui à qui il est propre, ou de la ligne duquel il est mouvant, & fût-ce des deniers de la Communauté que ledit rachat se trouve avoir été fait.

COUTUMES NOUVELLES
DU MEME TITRE.
Des Successions.

ARTICLE PREMIER.

En successions directes de Gentilshommes, tant qu'il y a Fils ou descendans d'iceux, ils excluent les Filles. En collatérales, si avant qu'ils y a Freres, ou descendans d'iceux, leurs Sœurs ne succedent aucunement; ains pour toutes successions, soient mobiliaires ou immobiliaires, ont indistinctement somme de deniers, selon l'ordonnance du Pere, s'il en a précisément ordonné, & s'il n'en a ainsi ordonné, telle que les qualités, moyens & facultés de leurs maisons le peuvent donner, outre & par-dessus les habillemens convenables à la décence de leurs états, & frais du festin des nôces; le tout à l'arbitrage des parens. Et où ils n'en tomberoient d'accord, ou en sourdroient difficultés entre les parties, à ce qui en sera arbitré ou jugé ès assises.

Art. II. Les Enfans de divers lits, entre tous Gentilshommes, Annoblis & Roturiers, partageront par têtes également les successions de leurs Peres & Meres, sans distinction aucune des lits & nôces d'où ils sont issus, si doncques par convention de mariage il n'y a traité au contraire. Et en ce cas de lits brisés & mariages divers entre Gentilshommes, les Fils aussi excluront les Filles des successions de leurs Peres ou Meres communs, en apportionnant icelles de ce que leur doit être donné pour leur dot, & sans avoir aucun égard à l'ancienne coutume, par laquelle elles faisoient lits à part, partageoient contre les Fils, & selon leur lit, prenoient leur contingente esdites successions.

Art. III. Si toutefois en ce même cas de pluralité de lits, les Fils (après avoir ainsi hérité les biens & hoiries de leurs Peres & Meres) viennent à déceder sans hoirs de leurs corps, délaissans Sœurs germaines de leur lit, & freres consanguins ou uterins d'un autre ; elles par revêtement de lignes, & privativement desdits non-germains, consanguins ou uterins, succéderont ès biens que leursdits germains delaisseront, provenans de l'estocage du Pere ou de la Mere desquels lesdits non-germains ne seront issus. Aussi quand les Filles, ou leurs représentans, demeureront sans aucuns Freres ni descendans d'iceux, elles sont en ce cas capables de succéder en toutes sortes & especes de Fiefs & biens délaissés par leurs Peres, Meres, Freres, Sœurs, & tous autres leurs parens.

Art. IV. Le Frere aîné ou son représentant en ligne directe, prendra par préciput, & sans obligation d'aucune récompense, le Château ou Maisonforte, Basse-Cour, Parc fermé de murailles, Jardins & Pourpris contigus, avec le droit de Guet, de Bois de Maronnage pour la réfection de la Maison, Patronage & collation de Chapelle castrale, & de la Cure du Village où il a la Maison, s'il y a droit de collation. Où toutefois il y auroit dedans le clos du Parc ou de la Basse-Cour, des Moulins, Pressoirs ou Fours bannaux, & en la Maison droit d'affouage, le Frere aîné sera obligé d'en donner récompense à ses Freres.

Art. V. Si en une succession se retrouvent plusieurs Châteaux ou Maisons-fortes, en plusieurs Bailliages ou Provinces dedans le pays de S. A. où la coutume avantage le Frere aîné d'avoir une Maison par préciput, privativement de ses Freres, & le nombre des Freres est tel, que quelqu'un d'eux par ce moyen ne puisse avoir Maison, l'aîné sera obligé de se contenter d'en avoir une à son choix & option, ainsi de Frere en Frere, tant que chacun d'eux puisse avoir Maison, si faire se peut, & icelle non divisée.

Art. VI. Les Parens & Héritiers présomptifs du décédé, seront reçus à se porter héritiers par bénéfice d'inventaire, & ce dedans six semaines, s'ils sont au pays, & quatre mois, s'ils sont absens ou mineurs.

Art. VII. Ceux qui décedent sans hoirs procréés de leur corps, font écheute de leurs meubles & acquêts à leurs Freres ou Sœurs germains, & aux descendans d'iceux ; & à faute desdits germains, aux non-germains. Et s'ils n'ont aucuns Freres ou Sœurs, lesdits meubles échéront en tout, aux Peres ou Meres, Ayeuls ou Ayeules, les survivans. Que s'ils décedent au cas qu'ils aient hérité la succession de leurs Peres ou Meres, Ayeuls ou Ayeules, lesdits biens hérités retourneront à ceux de la ligne d'où ils seront procédés.

Art. VIII. Si par donation ou autrement, ayant reçu quelques biens de leursdits Peres ou Meres, Ayeuls ou Ayeules, ils décedent laissant iceux à eux survivans ; lesdits biens provenans desdites donations ou autres avancemens, retourneront ausdits leurs ascendans de la ligne ou estocage desquels ils seront provenus & mouvans.

Art. IX. Au défaut desdits Peres & Meres, Ayeuls ou Ayeules, les Cousins seront préférables aux Oncles en ce qui sera des meubles & acquêts ; les Oncles aux Cousins en ce qui se trouvera de l'ancien.

Art. IX. En succession directe de Pere & Mere (non plus avant) l'aîné de plusieurs Freres est tenu (mais à frais communs) faire & dresser les partages : & ont les puînés la prérogative de choisir fubordinément, à commencer au plus jeune ; fous l'obligation toutefois à eux ou leurs Tuteurs, de faire le choix dans fix femaines que les lots defdits partages leur feront mis en main, à peine d'être ce droit référé à ceux qui les fuivent en ordre, s'il n'y a caufe d'exoine, & excufe légitime de leur retardement. Si pendant le tems de la délibération, les créditeurs preffent, fe fera vente des meubles par autorité de Juftice, à l'encan public, pour être faite diftribution, des deniers en provenans, felon qu'il fera trouvé raifonnable.

TITRE X.

Des Donations entre-vifs, fimples, mutuelles & à caufe des Nôces.

ARTICLE PREMIER.

Toutes perfonnes qui font en leurs droits & puiffance, peuvent par donation fimple entre-vifs, difpofer librement de tous leurs biens anciens & patrimoniaux, au profit de toutes perfonnes, voire de leurs enfans, pourvu que l'un defdits enfans ne foit plus avantagé que l'autre, horfmis des maifons-fortes, s'il y en a : comme fera dit expreffément au cahier des Coutumes nouvelles.

ART. II. Mais en telles donations fimples, de pure libéralité, fi ce n'eft en traité de mariage, donner l'ancien en fonds, & retenir l'ufufruit, ne vaut : ains faut que le donataire foit réellement & de faits jouiffant de la chofe donnée, à peine de nullité de la donation. Toutefois en donation fimple de meubles & acquêts, donner & retenir vaut, & pour opérer telle tradition, fuffifent les claufes de conftitut précaire, & retention d'ufufruit.

ART. III. Toute donation peut être refcindée pour une ingratitude bien vérifiée, ou autre caufe légitime.

Aʀᴛ. IV. Entre conjoints, les donations mutuelles n'ont lieu : toutefois le Mari peut valablement donner ſes meubles & acquêts à ſa Femme,
comme ſera dit au cahier des Coutumes nouvelles,
& la récompenſer ſur ſon propre & naiſſant, du bien
qu'il lui auroit vendu, ores qu'il ne fût obligé par
traité de mariage.

Aʀᴛ. V. Donation d'immeubles faite à l'un des
deux conjoints par le Pere, ou Ayeuls, ou autre parent, qui pouvoit lui advenir par hoirie & ſucceſſion *ab inteſtat*, lui tourne en nature de fond &
bien ancien.

Aʀᴛ. VI. Si donation d'immeubles ſe fait par
perſonnes de qui le donataire ne pouvoit attendre
telle ſucceſſion *ab inteſtat*, cette donation eſt répu-
tée acquêt, communicable à l'un & à l'autre des
deux conjoints ; s'il n'étoit dit expreſſément par la
donation, qu'elle doit demeurer propre au donataire.

COUTUMES NOUVELLES

DU MEME TITRE.

Des Donations.

Aʀᴛɪᴄʟᴇ Pʀᴇᴍɪᴇʀ.

Pᴀʀ donation entre vifs on peut diſpoſer de ſes
meubles & acquêts à ſa Femme ; à l'un ou pluſieurs
de ſes enfans, par préciput ou par partage, à la
volonté du Pere ou Mere étant en ſes droits & puiſſance, ou à tous autres généralement.

TITRE XI.

TITRE XI.

Des Teſtaméns, Ordonnances de volonté derniere, & exécutions d'icelles.

Article Premier.

Toutes perſonnes qui ſont en leur puiſſance, hors la Tutelle & Curatelle d'autrui, uſans de leurs droits, ſaines d'entendement, & en état de pouvoir par paroles diſtinctement, ou par écrit déclarer ou témoigner leur conception & volonté, peuvent faire Teſtament, codicile & Ordonnance de volonté derniere, aux formes & réglemens ci-deſſous particuliérement déclarés, & ſelon qu'il le ſera au premier Article des Coutumes nouvelles.

Aʀᴛ. II. Prêtres Séculiers, de même que Laïcs, ſont capables de pouvoir faire Teſtamens, & par iceux diſpoſer de leurs biens temporels.

Aʀᴛ. III. Hommes Annoblis & Roturiers, peuvent ſur leurs biens anciens léguer ſomme de deniers juſqu'à la concurrence de la value d'un quart ſeulement au profit d'autres toutefois que de leurs enfans, ou de leurs Femmes, s'ils n'ont enfans.

Aʀᴛ. IV. Le Mari peut ſur ſes biens anciens, pour le tout ou en partie, léguer uſufruit à ſa Femme, ores qu'il ait enfans iſſus de leur mariage; à charge toutefois de les entretenir ſelon la décence de leur état, conſerver les maiſons, uſuines, droits & autorités des Seigneurs & biens; acquitter les charges, pourſuivre les Procès, & en ſoutenir les frais; & en tout verſer comme bonne Mere de famille, & garder la viduité; car où elle paſſeroit à autres nôces, dès-lors elle perdroit l'uſufruit: mais où le Mari auroit enfans d'un mariage précédent, il ne pourra léguer ledit uſufruit.

D

Art. V. Si d'une personne, après son décès, se trouvent plusieurs Testamens, les premiers sont censés être révoqués par le dernier ; s'il n'est dit par exprès, qu'ils doivent demeurer en leur force.

Art. VI. Testament passé par Gentilhomme en présence de trois ou quatre Gentilshommes ses parens ou amis, signé ou scellé du Sceau desdits témoins, est valable.

Art. VII. Entre tous généralement, Testament passé par devant un Tabellion-Juré & deux témoins, scellé du Sceau authentique, & sur chacun Article duquel écrit & relu au testateur, il ait témoigné sa volonté ; ou bien écrit & signé de la main du Testateur, ou n'étant écrit de sa main, signé d'icelle ou cacheté, avec deux témoins qui l'aient vû signer ou cacheter ; ou s'il n'y a témoins, signé du Testateur & d'un Tabellion, fait foi & vaut ; s'il n'y a défectuosité d'ailleurs.

Art. VIII. Une personne n'ayant moyen de recouvrer facilement un Tabellion pour par-devant lui déclarer sa volonté derniere, si elle est écrite & sous-signée du Curé, vaut quant aux choses pieuses ; sinon en ce qui s'y trouve particuliérement légué au profit du Curé, n'étoit qu'il y eût témoins vérifians tel legs lui avoir été fait de la pleine volonté du Testateur, non à ce induit & admonesté. S'il ne s'en trouve rien par écrit, pour avoir été seulement faite & déclarée verbalement, faute de moyens à recouvrer personne pour l'écrire, ou autre occasion, & elle est témoignée par trois témoins sans reproches, & hors de toutes objections valables, elle vaut. Si c'est de personne pestiférée, & elle soit affirmée par le Curé ou Vicaire ; elle vaudra quant aux choses pieuses ; & en tout si par lui & un témoin, ou par deux témoins hors de reproches.

Art. IX. Testament fait à la Guerre, s'il est

ſous-ſigné du Teſtateur, ou ſi autrement il conſte ſuffiſamment de ſa volonté, vaut, nonobſtant qu'autre formalité plus exacte ne s'y trouve obſervée.

Aʀᴛ. X. Tabellion ou autre ayant écrit Teſtament, & en icelui inſeré quelques legs à ſon profit, n'eſt recevable à le demander ni avoir, s'il n'eſt témoigné par trois témoins dignes de foi, autres que Légataires, qu'il lui ait été fait de la volonté du Teſtateur, non curieuſement ſollicité.

Aʀᴛ. XI. L'on peut être, en ſucceſſion collatérale, héritier & légataire en même Teſtament; & en ligne directe pour les meubles & acquêts ſeulement.

Aʀᴛ. XII. Les enfans peuvent être exhérédés par le Pere ou la Mere pour cauſe d'ingratitude notable, commiſe envers eux, duement vérifiée.

Aʀᴛ. XIII. Entre Annoblis & Roturiers; le Teſtateur doit laiſſer à ſes enfans les trois quarts de ſon ancien, francs & déchargés de tous legs, quels ils ſoient.

Aʀᴛ. XIV. Clauſe trouvée vicieuſe en Teſtament, ne rend pour ce le ſurplus légitimement ordonné, vicieux, ſi ce n'eſt que tel vice provienne de défectuoſité de forme, ou ſolemnité eſſentiellement y requiſe & néceſſaire, d'où le tout puiſſe être rendu nul & vicieux.

Aʀᴛ. XV. Teſtament ne ſaiſit les légataires, ains ſont tenus prendre leurs legs des mains de l'héritier, ou des exécuteurs du Teſtament; les héritiers ſur ce préalablement ouïs & duement appellés; ſi ce n'eſt qu'au tems du décès du Teſtateur, que le Teſtament a pris ſa force, le légataire fût gardien, ou autrement ſaiſi de la choſe léguée; ou qu'étant detteur au teſtateur de quelque choſe, la quittance lui en ait été léguée.

Aʀᴛ. XVI. Exécuteurs de Teſtament, aprés le

D ij

décès du testateur, sont saisis des meubles & acquêts par lui délaissés ; & de ce de l'ancien qu'il a pû léguer, ou en faveur de sa famille, ou en légats pieux ; & doivent exécuter la volonté du défunt. Mais aussi sont tenus de prendre lesdits biens sous inventaire, l'Héritier présent, ou appellé ; & s'il est absent, ou ne veut comparoir par autorité de Justice, les Procureurs du Prince, ou des Hauts-Justiciers en leurs Hautes-Justices, présens.

ART. XVII. Ne peuvent toutefois les exécuteurs être saisis des titres délaissés par le testateur, sinon du Testament, ou autres que le testateur aura déclaré vouloir leur être mis en main.

ART. XVIII. Si le Testament en tout est impugné, & débattu de nullité, pendant le Procés d'entre l'héritier & le légataire, l'héritier demeure saisi des biens de l'hoirie, en donnant bonne & suffisante caution de satisfaire aux legs & charges du Testament. Et ne court l'an de l'exécution d'icelui, que dès le jour de la difficulté définie, demeurant toujours l'exécuteur en sa charge jusques après l'an & jour de ladite définition.

ART. XIX. S'il n'est querellé qu'en quelque clause, peuvent les exécuteurs passer outre à exécution de ce qui est liquide. Que si les meubles ne suffisent pour satisfaire aux charges, pourront par autorité de Justice (si l'héritier est refusant y consentir & satisfaire) passer au vendage de l'immeuble, à la concurrence de ce qui restera de ladite exécution, qu'ils doivent au pardessus accomplir dedans l'an & jour du décès, ou du Testament approuvé ; & icelui fini, rendre compte de leur administration à l'héritier, & payer le *reliquat*, autrement y peuvent être contraints par Justice, comme de chose jugée.

ART. XX. Exécuteurs choisis & nommés par

Teſtament, ne ſont tenus prendre cette charge, ſi bon ne leur ſemble : toutefois la refuſant doivent en avertir le Juge, chacun ſelon ſa qualité, pour recevoir caution de l'héritier, s'il s'en veut charger ſinon autrement y pouvoir d'office.

Art. XXI. Par la Coutume il n'y a différence pour les ſolemnités entre les Teſtamens & Codiciles.

COUTUMES NOUVELLES
DU MEME TITRE.
Des Teſtamens.

ARTICLE PREMIER.

Toutes perſonnes qui ſont en leur puiſſance, hors de la tutelle & curatelle d'autrui, uſans de leurs droits, ſaines d'entendement, & en état de pouvoir par paroles diſtinctement, ou par écrit, déclarer ou témoigner leur conception & volonté, peuvent faire teſtament, codicile, & ordonnance de volonté derniere, & par icelle diſpoſer de leurs meubles & acquêts au profit de leurs Femmes, d'un ou pluſieurs de leurs enfans, par partage ou préciput, ou à qui bon leur ſemble.

Art. II. La Femme n'ayant enfans de mariage précédent, pourra au profit de ſon Mari (ſi bon lui ſemble) diſpoſer par teſtament ou autrement, de ſa part des meubles & acquêts fait conſtant ſon mariage, mais par uſufruit ſeulement & pour ce faire eſt autoriſée par la coutume, moyennant qu'elle n'y ſoit forcée ni contrainte.

Art. III. On peut entre Gentilshommes, par donation entre-vifs, ou par teſtament, diſpoſer & ſubſtituer valablement pour une des Maiſons anciennes, & un quart du bien ancien en corps &

fonds, entre les enfans, ou autres de la famille du testateur, portant le nom & les armes; & à leur défaut, on pourra faire ladite substitution à un parent issu de la famille, à charge de prendre le nom & les armes.

Art. IV. Peres & Meres peuvent faire le partage entre leurs enfans, tant de leur naissant qu'acquêts; & si audit partage quelque inégalité se trouvoit au bien naissant, (laquelle inégalité seroit toutefois recompensée par les acquêts) celui qui aura cette récompense d'acquêts, ne pourra répéter quelque chose sur le bien ancien.

Art. V. Fils de famille suivant la Guerre, ou bien par autres moyens, ayant acquis quelques biens de leur industrie, pourront valablement disposer d'iceux par testament, encore qu'ils soient autrement sous la puissance paternelle, & au-dessous de majorité complete.

Art. VI. Testament fait de tant de legs, qu'ils excédent la juste value ou cotte de ce que le testateur a pu léguer valablement, vaut néanmoins à la concurrence de ce dont il aura pu légitiment disposer; & doit être faite à la réduction à chacun légataire, à proportion & mesure de ce qui lui a été légué, sinon qu'en tout cas legs du quart de l'ancien en faveur de famille, doit demeurer entier au Légataire, non sujet à ladite réduction.

Art. VII. Les récompenses faites aux Serviteurs pour tous services, sont censés légats pieux; & en légats pieux on peut ordonner & léguer jusques à un quart de l'ancien par dessus les meubles & acquêts: non compris le quart, duquel ou peut disposer en faveur de famille.

TITRE XII.

Des Conventions & Marchés.

ARTICLE PREMIER.

CONVENTIONS & marchés peuvent être valablement faits & paſſés entre perſonnes étant en leurs
droits, ou par paroles ſimplement, ou par écrit,
pourvu qu'il conſte du conſentement mutuel des
contractans ſur la choſe convenancée.

ART. II. S'ils ſont paſſés pardevant Tabellion, en
préſence de deux Témoins, & mis en groſſe ſous
le Sceau authentique du Prince, ils ont force d'exécution parée contre le Contrevenant ou ſes Héritiers,
& ſont par telles écritures ſuffiſamment témoignés.

ART. III. Si pardevant Tabellion de terres &
Seigneuries particulieres, eſquelles y a Sceau établi de tout temps, les groſſes en ſont expédiées ſous
le Sceau d'icelles, elles ſont ſemblablement foi, &
ont force d'exécution parée contre les ſujets deſdites
Seigneuries, & pour choſes y aſſiſes.

ART. IV. Si entre Gentilshommes ils ſont paſſés
ſous leurs Sceaux & ſignatures, telles écritures ſont
auſſi foi pour agir ou défendre en vertu d'icelles,
mais ne portent exécution parée.

ART. V. Si autrement par cédules ou autres écritures privées; ne ſont leſdites écritures foi pléniere,
n'eſt doncques qu'elles ſoient reconnues en jugement, ou d'ailleurs ſuffiſamment vérifiées.

ART. VI. Femmes, en tels & autres ſemblables
actes publics reçus par Tabellion ou perſonnes publiques, ne doivent être appellées ni admiſes pour
témoins. Peuvent autrement toutefois en jugement
rendre & porter témoignage des conventions verbalement faites & traitées, où elles auront été préſentes.

Aʀᴛ. VII. Refcifion de contract par léfion de moitié de jufte prix, ni autres moyens de reliefs & beuefices de reftitutions en entier, quels ils foient, n'ont lieu. Bien font reçues les voies du nullité, lorfque les chofes fe trouvent faites & traitées illégitimement, & contre les loix & coutumes du pays.

Aʀᴛ. VIII. Pour faire acquifitions qui aient lieu, ou foient valables entre Gentilshommes & Annoblis, fuffit, outre l'accord de la convention, prendre poffeffion actuelle & réelle de la chofe acquife.

Aʀᴛ. IX. Qui étant condamné à garantir, n'a moyens ni puiffance de garantir précifément au corps de la chofe, fur laquelle il a été appellé à garant, eft reçu à la garantie de droit, par reftitution du prix convenu au marché principal, & de ce que la partie fe trouvera avoir intérêt au moyen de l'éviction & contrainte à laquelle elle eft réduite fe défifter de la chofe.

Aʀᴛ. X. Si par autres moyens que reftitution dudit prix & garantir à droit, il eft en fa puiffance de garantir, eft tenu précifément de ce faire, & n'eft reçu à ladite garantie de droit.

Aʀᴛ. XI. Promeffe de garantie indiftinctement faite en contract de vendition ou d'autre aliénation, n'oblige le vendeur, ou autrement aliénateur, à la garantie du retrait lignager.

Aʀᴛ. XII. Les Peres ou Meres ne peuvent vendre, aliéner ou engager le bien échu à leurs enfans, fans l'autorifation & affiftance des Procureurs-Généraux entre Gentilshommes & Annoblis; & pour les Roturiers, en ce qu'eft ès Hautes-Juftices de S. A. en leurs Offices; & des Procureurs d'Offices, ou autres Officiers à ce établis, des Prélats & Vaffaux en leurs Hautes-Juftices, & confentement d'aucuns de leurs parens, avec témoignage que telle aliénation fe fait pour l'amélioration & augmentation
des

des biens de leurs enfans, à peine de nullité de tou-
tels contracts pour l'une & l'autre partie.

Art. XIII. Tous Héritiers ayant appréhendé
une succession, sont obligés de garantir jusques à
droit les faits & promesses de ceux de qui ils sont
héritiers.

Art. XIV. Marchandise & denrée mobiliaire délivrée est censée par la délivrance avoir été payée,
si le Marchand ou Vendeur ne fait preuve du crédit,
ou s'en rapporte au serment de celui qu'il prétend
lui être demeuré detteur.

Art. XV. Pour dette procédant de diverses causes,
reconvention n'a point de lieu, qu'est-ce qu'on dit?
une dette ne retenir l'autre.

Art. XVI. Si toutefois il s'agissoit de chose procédant de même acte ou cause que celle pour laquelle le detteur est convenu, peut ladite reconvention avoir lieu par exception; comme si le Procureur,
le Tuteur & autres personnes de qualité semblable,
sont convenus de payer ce qu'ils doivent de leurs
administrations, ils peuvent proposer reconvention
de ce qu'à même cause leur peut être dû. Le Locataire poursuivi de payer le louage, peut reconvenir
le Locateur pour les réparations nécessaires faites
en la Maison, & avec son sçu & consentement, ou
avec avis de la Justice, & les lui déduire & rabattre
par ses mains, & ainsi d'autres semblables, & du liquide au liquide.

Art. XVII. Les meubles étant en une Maison
tenue à louage, sont censés expressément affectés
au Locateur d'icelle, & peuvent être tellement exploités pour le prix du louage, que s'il échet concurrence de Créditeurs, sera icelui préférable à tous
autres, si ce n'est qu'auparavant, à son sçu, & sans
son contredit, ils aient été exploités & saisis. Que
s'ils se trouvoient autrement transportés dehors

E

par le Locataire ou autres , ils peuvent être contraints par Juſtice les rapporter , ou par privilege être arrêtés , en quelqu'autre lieu où ils ſoient trouvés.

ART. XVIII. De même ſont les fruits provenus d'un gagnage ou autre héritage champêtre laiſſé à ferme , réputés ſpécialement obligés au prix de la location , ſoient encore pendans par la racine , ou ameublis , & à la concurrence d'icelui , exploitables avant tous autres créditeurs du Fermier pour l'année de l'exploit , & une d'arrérages , jaçoit qu'il n'y ait obligation par écrit.

ART. XIX. En louage de Maiſon le Locataire a quinze jours pour vuider , paſſés leſquels n'eſt reçu à propoſer prolongation de louage lui avoir été accordé , ſi ce n'eſt que par écrit ou autrement il en faſſe promptement apparoir ; autrement le premier commandement à lui fait la quinzaine expirée, peut le Locateur vingt-quatre heures après , par voie de Juſtice faire mettre les meubles d'icelui dehors ſur les carreaux.

ART. XX. Si un Conducteur ayant reçu quelque bien à ferme pour certaine quantité d'années , le tems d'icelles expiré continue de le tenir, eſt cenſé le tenir à même charge, prix & condition qu'il l'auroit tenu les années dernieres, encore qu'autre bail ne lui ait été de nouveau paſſé , & n'eſt recevable pour l'année qu'il y aura entré , d'en ſortir, ou faire renonciation, ſi ce n'eſt du conſentement du Locateur; auſſi y ayant entré & fait quelque labeur ſans contredit dudit Locateur , n'en peut pour l'année être déjetté ; & avenant que l'un ou l'autre prétende pour cauſe réſilier de cette location , celui qui le prétend , eſt tenu en avertir l'autre trois mois auparavant , autrement tiendra la Ferme contre le défaillant.

Art. XXI. Un Conducteur, foit de maifon, ou autres héritages, ne peut louer la maifon ou héritage à autre qui foit préjudiciable ou dommageable au Seigneur, ou à la chofe, plus que le Conducteur principal, fi ce n'eft du confentement du propriétaire.

Art. XXII. En tous Baux à Ferme, de Cenfes & Métairies, Ufuines, Droits Seigneuriaux, & autres chofes femblables, faits à outrée ou enchere publique, il y a régulierement Tiercement, Moitiément & Croifement, qui doivent être faits dedans quarante jours, à prendre du jour de l'outrée premiere & principale, paffés lefquels, demeure ladite enchere échue, n'étant plus perfonne reçue à y mettre.

Art. XXIII. Ce qui aura lieu auffi en Baux à Ferme de fruits pendans par la racine, & dîmage, finon qu'il eft befoin prendre le jour de la premiere outrée, pour le moins quarante jours avant que les fruits foient commencés de couper.

Art. XXIV. Et fe prend ledit tiercement fur la fomme premiere & principale de l'enchere; le moitiément fur l'une & l'autre joints enfemble ; le croifement eft de chacun dix, un : comme pour exemple, fi la mife de l'enchere eft de vingt francs, le tiercement fera de dix, le moitiément de trente, & le croifement de fix, qui font en fomme une & totale de foixante fix.

Art. XXV. Baux, admodiations ou laix, quels ils foient, folemnellement faits & paffés par Procureurs fuffifamment fondés, ne peuvent être révoqués par le conftituant, au préjudice defpreneurs.

Art. XXVI. Les admodiations, ou baux à ferme, faits à peu d'années, font cenfés être de nature de meubles aux admodiateurs, & obligent les Héritiers

mobiliaires des Conducteurs défunts, de les tenir &
y perfifter.

Art. XXVII. Un Acquêteur regulierement n'eft
tenu efter à louage fait par fon Vendeur ; un jeune
Fils, à celui qu'en fon nom aura été fait, ou lui-
même aura fait avant fon mariage ; non plus que le
Mari à celui que fa Femme avant leur mariage aura
fait, étant icelle Veuve ; ou fi jeune Fille conftituée
fous Tutelle, aura été fait en fon nom ; & l'Héritier à celui qui aura été fait par fon Prédéceffeur ;
qu'eft-ce qu'on dit communément ? *mariage, mort &*
vendage, defaire tout louage.

Art. XXVIII. Ce que toutefois s'entend pour
l'égard des laiffeurs, non des ~~reneurs~~ *teneurs* ; & pourvu
que lefdits louages ne foient faits à plus de douze
années ; autrement s'ils fe trouvent avoir été faits à
plus longues années que de douze, font les fuccef-
feurs tenus de les continuer felon qu'ils font faits par
leurs Prédéceffeurs, fi d'ailleurs ils n'ont caufe de ne
les approuver, & y confentir.

Art. XXIX. Auffi, fi à l'entrée avoit été donnée outre la penfion convenue, une fomme certaine
pour un coup, advenant le réfiliment du fucceffeur,
feroit tenu reftituer icelle, à la proportion & au
prorata des années reftantes.

Art. XXX. Dépofitaires fommés de rendre la
chofe par eux reçue en dépôt, ne doivent avoir aucun délai ni répi ; ains s'ils font refufans de la rendre, en doit la caufe être fommairement traitée, &
à jours extraordinaires, fans appel ; fi ce n'eft en
définitive, ou d'incident non réparable en icelle. De
même doivent être traités Courratiers, & autres
perfonnes commifes pour vendre marchandifes, ou
autres meubles, pour la reftitution d'iceux, ou du
prix, & à ce défaut y être contraints par emprifon-
nement de leurs perfonnes, fi autrement ils font de

convention difficile, ou de peu de moyens à les recouvrer sur eux.

Art. XXXI. Celui qui tient biens à titre d'Emphitéose, soit de l'Eglise, ou du Seigneur tempo-
rel, est tenu de payer la pension annuelle qu'il en
doit, encore qu'il n'en soit aucunement interpellé
par le Seigneur direct, & s'il cesse par trois ans
continuels de satisfaire, il est privable de la chose;
si ce n'est qu'étant nouveau successeur, il ait cause
d'ignorance probable, ou autrement ait autre excuse & exoine légitime, auquel cas n'en sera privable, que préalablement interpellé il n'ait continué sa demeure, ou celle de son prédécesseur.

Art. XXXII. Si ce n'est à titre d'Emphitéose,
dont il conste, ains d'ascensement, ou de laix à
longues années : encore est le Censier ou Tenementier, obligé à la satisfaction du cens ou de la
pension. Et si ayant cessé par trois ans, & depuis
interpellé d'y satisfaire, il en est refusant; de ce fait,
il se rend privable de la chose ascensée; soit que par
exprès il soit porté au contract censuel, ou en celui
du laix, ou non.

COUTUMES NOUVELLES

DU MÊME TITRE.

Des Conventions & Marchés.

ARTICLE PREMIER.

Acquisition des biens immeubles faite à faculté
de réachat, soit que le tems du réachat dure, ou soit
expiré, est censée acquêt, & affectée aux Héritiers
immobiliaires.

Art. II. Entre Roturiers, outre la prise de possession réelle & de fait (qui est nécessaire) faut de

E iij

plus publier ladite possession, à l'Eglise de la Paroisse
du lieu où la chose vendue est assise, par trois Dimanches subséquens.

Art. III. Indistinctement successeurs écclésias-
tiques ne sont tenus au remboursement de deniers
avancés d'entrée, ni à continuer les admodiations
faites par leurs prédécesseurs à plus longues années
que de neuf ans : & ne sont obligés du fait de leurs
prédécesseurs, n'étoit que les choses se trouvent
converties au profit évident de l'Eglise par bonne &
préalable connoissance de cause, & avec le consen-
ment des Chapitres & supérieurs.

TITRE XIII.

Des Retraits Lignagers & Conventionnels.

ARTICLE PREMIER.

Si une personne vend ou donne en paiement son
bien foncier de ligne, ou lui est vendu à droit de
Ville par autorité de Justice, son Lignager du côté
d'où meut ledit héritage, est recevable à le retirer
dedans l'an & jour du vendage passé; ou du para-
chévement dudit droit de Ville, & adjudication
d'icelui, lorsqu'il y a contredits ou oppositions, en
rendant à l'acquêteur, adjudicataire ou enchérisseur,
les deniers vraiment déboursés, frais & loyaux coûts,
& peut le retrayant s'adresser à l'acheteur ou au pos-
sesseur de l'héritage qu'il prétend retraire.

Art. II. Si telle vendition a été faite d'aquêts
auparavant faits par le vendeur, les lignagers d'un
côté & d'autre sont reçus à la retraite ; & au défaut
que ceux de l'un de ses lignes ne s'y présentent, ceux
de l'autre y sont recevables pour le tout.

Art. III. De même s'il y a du vendeur plusieurs
Lignagers en pareil degré ou droit présomptif de

lui pouvoir fuccéder (les cas en avenant) ils y font tous également recevables, pourvu qu'ils viennent dedans l'an & jour. Que fi aucun d'iceux ayant devancé les autres, avoit jà reçu le créant de ladite retraite, eft tenu en repartir fes co-lignagers, chacun pour fa cotte, en fe rembourfant des deniers par lui fournis au *prorata.* Et au défaut que tels plus habiles ne viennent à ladite retraite, ils font lieux & place aux autres plus éloignés, & moins habiles. Toutefois fi à aucuns d'iceux étant jà le créant de la retraite paffé par l'acquêteur, autre des premiers capables fe préfente avant ledit temps inclû & paffé il peut le retraire des mains dudit premier retrayant, comme il l'eut pû faire de l'acquêteur premier, & s'adreffer pour ce auquel que mieux lui plaira.

Art. IV. Et non feulement des biens proprement immeubles, qui font aliénés par pur vendage, y a-t-il retraite; mais s'ils font laiffés à penfion, ou afcenfés à cens ou rente annuelle, foit rachetable ou non, perpétuelle ou à réachat, les Lignagers peuvent dedans ledit tems les avoir par retraite en fatisfaifant à la rente, & aux autres charges & conditions defquelles le preneur originaire étoit chargé; même aux impenfes des méliorations néceffaires faites par icelui, fi aucunes il en a fait.

Art. V. Encor fi une rente d'argent, grains, vins, ou autre efpece femblable, eft vendue à perpétuité, & non rachetable, eft le Lignager recevable de la retraite, en rendant à l'acquêteur le prix de fon achat; & les loyaux coûts.

Art. VI. Toutefois n'a la retraite lieu fur héritage donné par pure & vraie donation, ou échangée par échange fait but-à-but, & fans folte ou avec folte, ne revenant à la concurrence de la moitié de la value de la chofe donnée; mais fi telle forte eft excédent la moitié de ladite value, lors y aura retraite pour le tout ; & est tenu celui qui a donné la folte, recevoir l'estimation de la chose par lui donnée en contr'échange avec ladite folte, si celui qui l'aura reçu ne veut s'en départir, en lui rendant ladite estimation.

ART. VII. Et combien qu'en échange fait purement & franchement il n'y ait retrait, si toutefois réachat se fait de l'échange dedans l'an & jour, si qu'il y ait apparence de fraude, icelle vérifiée, soit par le serment des contrahans (qui sont tenus en jurer) ou autrement, il ne laisse d'y avoir retraite, non plus qu'en échange fait d'immeubles contre meubles.

ART. VIII. Si le vendage a été fait au vendeur sous la faculté de réachat, il n'est loisible aux Lignagers de venir au retrait avant l'an & jour, depuis le réachat expiré, pourvu que la faculté de réachat n'excede le terme de vingt ans ; car en ce cas le Lignager pourra venir à retraite dedans l'an & jour du vendage, ou au bout desdits vingt ans ; à la charge néanmoins dudit réachat, les années de la faculté d'icelui durantes.

ART. IX. Que si avant lesdits vingt ans expirés, & retraite non encore faite, le vendeur y renonçoit au profit du premier acheteur ou autre, en ce cas sera le Cessionaire obligé de faire incontinent publier la possession qu'il en aura prise, par le Sergent du lieu, à l'issue de la Messe Paroissiale de la Mere-Eglise, ou des lieux où y a Annexe, par trois Dimanches subséquens. Et en tous cas avant l'an & jour expiré de la possession ne se peut perdre le droit du retrait lignager.

ART. X. Si par un même contract se trouvent plusieurs piéces vendues, aucune desquelles soient de l'ancien du vendeur, autres de son acquêt, ou toutes de l'ancien, & partie de l'une de ses lignes, partie de l'autre ; le Lignager de chacune ligne

venant à retraire ce qui meut de la fienne, y eft recevable; en rembourfant au *prorata* les prix, &
loyaux coûts, diftribution d'iceux faite à l'arbitrage
du Juge fur chacun apportionnement à ce qu'il em-
portera defdites piéces. S'il ne s'en préfente que
d'une, fi eft icelui recevable au tout, en offrant le
rembourfement du prix entier, & comme il y eft
recevable, auffi ne peut-il féparément prétendre ce
qui meut de fa ligne, & laiffer le furplus, ou faire
le retrait divifément d'une partie, & non de l'autre
fi ce n'eft du gré de l'acheteur, des mains duquel
fe fait la retraite.

ART. XI. Le Lignager eft tenu de rembourfer
l'acheteur des impenfes & mifes faites aux réparations & labourages néceffaires de l'héritage, pourvu
qu'il en confte; mais ne doit autrement ledit acquêteur durant le tems du retrait (fi ce n'eft par
autorité de Juftice expreffe à certaine occafion oc-
curente) changer ou altérer la nature & qualité de
l'héritage vendu, ou y faire bâtimens & réfections
non néceffaires; autrement fe met au hazard d'en
demeurer fans reftitution; voire ne peut faire ré-
colte ou levée des fruits en autre tems qu'il n'eft ac-
coûtumé, foit par pêches d'étangs, abbaris & coupe
d'arbres, bois ou autrement; & s'il le fait, & l'héritage retrait fe trouve à tel moyen avoir été dété-
rioré ou amoindri, foit en fonds, foit en profit
ou revenu, il fe rend non-feulement fujet à la reftitution de ce qu'il aura ainfi hors tems pris & levé,
mais aux dommages & intérêts du retrayant.

ART. XII. Si l'acheteur, auquel auront été offerts le prix & loyaux-coûts de fon achat par le rétrayant, en fait refus, & convenu perd fa caufe;
il eft tenu à la reftitution des fruits, apports & profits de l'héritage acquêté, du jour de la confignation actuellement faite & laiffée ès mains de Juftice;

les impenfes de la femence, culture & labourage d'icelui préalablement déduites à l'arbitragé du Juge; mais fait ledit acheteur les fruits fiens indiftinctement du tems écoulé auparavant ladite confignation, au *prorata* d'icelui.

Art. XIII. Encore que l'héritage foit vendu à un des Lignagers du vendeur, & en la ligne & eftocage d'où meut ledit héritage, fi toutefois il ne lui eft parent, de qualité telle, qu'avenant fon décès *ab inteftat*, il peut lui fuccéder audit bien vendu, les autres parens capables à y fuccéder, foient plus proches en degré, ou plus remots par repréfentation, font recevables contre ledit acheteur, de retraire de lui la chofe vendue.

Art. XIV. Encore que l'acquêteur foit parent au vendeur du côté d'où l'heritage vendu eft parti, eft capable d'y fuccéder : toutefois eft tenu de recevoir les autres de pareil degré au retrait, & leur repartir fon acquêt felon leur contingent.

Art. XV. Lignager ne peut vendre fon droit de retraite, ni le pourfuivre en intention de remettre l'héritage en mains d'autre, encore qu'à ce moyen il falle fa condition meilleure ; ains eft tenu (en étant requis) fe purger par ferment, que ce foit pour lui, & fans fraude.

Art. XVI. Si l'héritage retrait, depuis la retraite eft vendu par le rétrayant dans l'an & jour, les Lignagers d'icelui, du côté d'où meut originairement ledit héritage, font recevables à le retirer, encore qu'il foit advenu au vendeur par retrait.

Art. XVII. L'acheteur ni le vendeur ne peuvent dans l'an & jour du retrait, faire chofe par enfemble, ni autrement, qui puiffe apporter préjudice au droit du Lignager en la retraite, & qu'il ne puiffe retraire l'héritage vendu pour le même prix qu'il a été vendu la premiere fois, encore qu'il fe trouve depuis vendu ou autrement aliéné à plus haut prix, n'étoit qu'avant la poffeffion & jouiffance réelle de l'acquêteur en la chofe vendue, le contrat fut en-tr'eux fans fraude réfolu.

ART. XVIII. Le Lignager prétendant venir à retraite, eft tenu d'offrir à l'acheteur, deniers au découvert, ou à fa Femme (s'ils fe trouvent au do-micile) fi non requérir & prendre acte du devoit fait par ledit retrayant de s'être à cette fin tranfporté au domicile dudit acheteur ; puis à leurs refus ou abfence, compter & nombrer lefdits deniers en pré-fence du Tabellion & de deux témoins, les con-figner en main de Juftice, & faire ajourner ledit acquêteur dedans l'an & jour à fondit domicile; & s'il eft abfent, n'ayant aucun domicile ès Bailliages de Nancy, Vofge & Allemagne, en la perfonne du détempteur de l'héritage rétrayable, ou entremetteur de fes affaires, à peine d'échéance de fon droit ; n'étoit par exoine de force grande, ou autre légitime, les moyens & accès de ce faire dedans ledit tems lui fuffent ôtés ; n'eft toutefois néceffaire que le jour de l'affignation échet dedans l'an & jour, fuffit que l'ajournement y foit fait.

ART. XIX Si par un feul & même contrat il y a plufieurs pièces & biens vendus, qui foient fi-tués fous divers Bailliages de ceux de Nancy, Vofge & Allemagne, le rétrayant devra faire fes offres de deniers, confeing, ajournement & pour-fuites pour le tout, en icelui où l'acheteur fera ré-fidant, felon les Us, Stiles & Ufage d'icelui ; fi-non, & il eft demeurant en autre Province, hors l'un & l'autre, en celui fous lequel la plupart des biens vendus, ou la pièce principale fera affife, en obtenant pour l'exécution du Jugement, *Pa-reatis* pour les biens fitués fous les autres.

ART. XX. Si lefdits biens font affis fous un

même bailliage, néanmoins en divers lieux, & sous Justices appartenantes à divers Seigneurs, pardevant le Siége du Bailliage en premiere instance, & de là par ressort au droit de l'Hôtel : mais s'ils ne sont assis que sous une même Seigneurie, la retraite doit être poursuivie pardevant la Justice du lieu.

ART. XXI. L'an & jour court indistinctement contre personnes privilégiées & non-privilégiées, sachans ou ignorans, mineurs, absent, furieux & tous autres ; & s'èntend en telle sorte, qu'étant la possession prise le premier jour du mois, les offres de deniers, conseing & ajournement doivent être faits dedans le même jour du mois de l'an révolu de ladite possession prise par tout icelui jusqu'au Soleil couché.

ART. XXII. Et pour ce qu'il advient souvent, que pour faire fraude aux lignagers, les contrahans passent leurs marchés si secrettement, qu'il est malaisé de découvrir certainement le prix, charges & conditions d'iceux ; en ce cas offrant le lignager somme vrai semblablement équivalente ou approchante à la juste estimation de la chose, avec présentation d'accomplir & parfaire celle pour laquelle le vendage aura été fait, si pour plus a été fait, & de satisfaire aux frais & loyaux coûts ! & d'affirmer en Justice qu'il ne lui a été autrement possible de savoir le prix & charges de la vendition, ou en retirer si elle excéde, est hors de danger de méprendre.

ART. XXIII. Si en fraude du lignager, les acheteurs ou vendeurs ont au contract de vendition fait écrire, ou autrement maintiennent le marché avoir été fait pour somme de deniers plus grande que vraiment ledit acheteur n'en a payé & déboursé ; n'est le retrayant tenu de satisfaire plus avant que le prix convenu sans feinte, dont lesdits contrahans sont tenus se purger par serment.

Art. XXIV. Héritage retiré à droit de retrait lignager, prend & fortit nature d'acquifition au retrayant, fi c'eft à droit de retrait conventionel de chofe purement engagée, ou par vertu de faculté de réachat accordée aux vendeurs, il retient fa qualité & nature premiere.

Art. XXV. De bien vendu au nom d'autrui fous charge de promeffe de ratification, l'an & jour ne court au préjudice du lignager, finon du jour de la prife de poffeffion.

Art. XXVI. En ventes de meubles, & chofes de cette qualité, n'y échet retrait lignager.

Art. XXVII. Si pendant l'an du retrait lignager celui qui a vendu, ou autrement aliéné, vient à décéder, le lignager lui fuccédant n'eft par ce empêché de pouvoir retraire la chofe vendue, fous prétexte qu'il foit tenu des faits, promeffes & obligations dudit vendeur.

Art. XXVIII. En Seigneuries & terres de Fiefs (entre Gentilshommes) tant qu'il y a mâles qui veulent retraire, les femelles n'y font reçues en pareil degré : mais au défaut d'iceux, ou qu'ils fe mettent en devoir de pourfuivre la retraite, elles y peuvent venir.

Art. XXIX. Si de plufieurs lignagers, tous également capables à retraire la chofe vendue, aucun, ou aucuns, ont mené le procès contre l'acquêteur refufant ; & icelui fini, les autres dedans le même an & jour du retrait en requierent être reparties à leur cotte, n'y feront recevables qu'ils n'aient dédommagé leur Co-lignager par rembourfement des frais expofés à la pourfuite, ou autrement.

Art. XXX. Si entre plufieurs lignagers, y a concurrence des uns contre les autres, & débat fur la préférence par eux diverfement prétendue au retrait, ne fera l'acheteur (fi bon ne lui femble) tenu de procéder contre aucun d'iceux féparément jufques après définition de cette caufe.

Art. XXXI. Si toutefois l'acheteur procéde de volonté, & obtient gain de caufe contre aucuns des lignagers, qui en telle concurrence & débat de préférence viendroient à décheoir du droit prétendu contre leur lignager, le gain de caufe ne lui pourra fervir au préjudice des lignagers reconnus & admis au retrait

Art. XXXII. En toutes venditions, gageres & autres aliénations, quelles elles foient, pour lefquelles ès lettres du même contract, ou par autre à part & féparé, a été donné faculté de réachat au vendeur ou aliénant, à toutefois que bon lui femblera; telle faculté de réachat ne fe prefcrit jamais; & dure perpétuellement.

Art. XXXIII. Rente d'argent, grains, vins, ou autres femblables efpeces conftituées & vendues à prix d'argent, fous obligation ou hypothéque d'immeubles, foient générales ou fpéciales, otes qu'elles foient faites & conftituées fimplement & indéfiniment, fans aucune réferve expreffe de réachat, ni limitation de tems certain, font de foi néanmoins réachetables à toujours.

TITRE XIV.

Des Servitudes.

ARTICLE PREMIER.

Il eft en la faculté d'un chacun de pouvoir dreffer vue en fa maifon; pourvu que le regard foit fur foi; & n'y eut-il hérit age plus que pour le tour du ventillon entier ou brifé; mais auffi n'eft par ce le voifin empêché de pouvoir bâtir fur fon héritage, au préjudice de telle vue, laiffant la place dudit tour libre; si ce n'est que le propriétaire du fonds sur lequel elle est bâtie, fasse preuve avoir droit contre son voisin, qu'il ne puisse empêcher à telle vue.

Art. II. Droit de vue sur la maison du voisin, au-dessous du toit, se prescrit par trente ans; si elle est au-dessus, ne peut empêcher qu'il ne soit loisible au voisin hausser au préjudice d'icelle, & y fut-elle de tant de tems, qu'il ne fut mémoire du commencement, n'étoit que par titre ou autrement, il apparut à suffisance qu'elle y fut par droit de servitude.

Art. III. Si en un mur mitoyen & parçonnier, y en quelques endroits fenêtrages, prenant vue & regard sur le voisin, & dont l'autre voisin ait joui par trente ans, il jouira en cet endroit de ladite vue; mais jà pour ce n'aura-t-il ce droit indistinctement par tous tels endroits de ladite muraille que bon lui semblera; ains sera obligé de tenir les fenêtres qu'il a barrées de fers dormans & arrêtés.

Art. IV. Egouts ni autres servitudes par actes occultes & latens, non connus au voisin, ne se peuvent prescrire par quel laps de tems que ce soit. Si les actes & la jouissance lui en sont patens & connus, peuvent être prescrits par trente ans en la forme dont son voisin se trouvera en avoir joui.

Art. V. Si de plusieurs voisins l'un veut bâtir, pour mieux ou plus commodément se loger, il lui est loisible de contraindre par Justice ses voisins de contribuer aux frais de la réparation des murs communs qui se trouvent pendans & corrompus, à telle hauteur qu'ils sont pour lors, selon que par visitation d'experts, convenus & adjurés par Justice, ils se trouvent pendans & corrompus; mais s'il veut les rehausser plus qu'à leur hauteur premiere, faire le doit à ses frais; en y faisant faire, pour témoignage de ce, fenêtres de maçonnerie de la hau-

teur de cinq quarts de pied, & de large un tiers en
la partie de son voisin, & de son côté selon que bon
lui semble, pour montrer que c'est pour lui & à son
œuvre qu'elles y sont mises, & lui servent de témoin.
Est toutefois par après tenu les étouper, si le voisin
voulant se servir de ladite rehausse, offre contribuer
aux frais.

Art. VI. Et s'il avient qu'au refus ou demeure
de ses voisins & parçonniers, il fasse réparer lesdits
murs à ses frais, ils lui demeurent tellement propres, que sesdits parçonniers ne peuvent y mettre
ni appuyer, ou autrement s'en servir, qu'ils ne res-
tituent chacun à leur avenant, les frais de la réparation, que l'on dit en terme commun, *payer la mise.*
Si toutefois lesdits murs en l'état qu'ils sont, se trouvent suffisant (n'étoit la charge nouvelle du bâtiment
neuf) ne sont en ce cas lesdits parçonniers tenus y
contribuer, & ne délaisseront pour ce lesdits murs de
leur demeurer communs, en telle hauteur & étendue
qu'ils étoient auparavant.

Art. VII. Peuvent aussi les voisins & Parçonniers
de tel mur mitoyen, icelui percer tout outre, & y
faire trous pour y asseoir sommiers, chevrons, es-
coinçons de pierres & autres matériaux servans à
leurs édifices, en rebouchant les trous : voire quand
aucun fait édifier ou réparer son héritage; son voisin est tenu lui souffrir patience à ce faire, en faisant
incontinent réparer par icelui qui a bâti, ce qu'il
aura démoli audit voisin, & le faisant avertir avant
aucune chose démolir, pour obvier qu'il n'en reçoive dommage, à peine de soixante sols pour
amende, & de dommages & intérêts. N'est toutefois permis aucunement de mettre bois, ni faire ar-
moires en tel mur mitoyen, à l'endroit des fours ou
cheminées.

Art. VIII. Et loisible néanmoins y dresser cheminées,

minées, & creuser pour le contrefeu d'icelles, jusqu'au tiers du mur; même appuyer les regots d'icelle d'outre en outre, non toutefois les sommiers, & autres charges de bois, qui ne doivent outrepasser la moitié de ladite muraille.

Art. IX. L'un des Parçonniers généralement, n'y peut, non plus qu'en toutes autres choses communes, faire œuvre aucun qui puisse causer détérioration de la chose commune, ou apporter préjudice au Co-seigneur d'icelle.

Art. X Si le voisin fait sur son héritage propre, privés, ordes fosses, fours, fumiers & égouts, doit faire entre iceux & le mur mitoyen, un autre mur, si bon & suffisant, que par tels édifices la chose commune ne puisse recevoir détérioration, soit de feu, pourriture, ou autrement; & s'il y fait puits ou citerne, il doit laisser ledit mur franc & entier.

Art. XI. De même celui qui pour avoir sa maison en assiette plus haute que celle de son voisin; a de la terrasse contre la muraille séparative de l'une & de l'autre des deux maisons, doit y faire contre mur, ou autre telle défense, que par la fraîcheur de ladite terrasse, la muraille mitoyenne ne vienne à recevoir détérioration.

Art. XII. On ne doit faire ni dresser privé, égoût d'eau de cuisine, & autres semblables immondices, proche le puits de son voisin, qu'il n'y ait huit pieds de distance entre deux, & y soit fait contre-mur de chaux & de sable, avec conroi aussi bas que les fondemens des fossés & égoûts.

Art. XIII. Fossé fait entre deux héritages, est censé être à celui du côté duquel est le jet de la terre vuidée, & commun s'il se trouve de part & d'autre, où n'y a apparence de découvrir de quel côté en a été fait le jet; & s'il y a haye assise sur ledit fossé, &

E

ledit foſſé & la haye ſont à celui du côté duquel eſt le jet de la terre.

Art. XIV. Sont auſſi tous murs, hayes & clôtures entre voiſins, cenſées communes, s'il n'y a titres, bornes, marques ou enſeignemens témoignans par art de maçonnerie, ou uſage, le contraire; & eſt chacun voiſin pour ſa cotte tenu de clorre contre ſon voiſin, de clôture convenable, & ſemblable à l'ancienne, ſi ce n'eſt que tous deux ſoient d'accord de changement.

Art. XV. Il eſt à la liberté d'un chacun édifier ſur la place, ſi haut que bon lui ſemble, & ſien, ou ſur le mur ou toiture de ſon voiſin, y a quelques ſommiers, chevrons, ou autres choſes avançantes ou pendantes ſur ladite place de ſon voiſin, qui empêche de telle rehauſſe; eſt ledit voiſin ſujet de les retirer à l'allignement & plomb du pied de ſon mur, quel eſpace de tems y aient leſdites choſes demeurées pendantes ou avançantes; n'étoit que cela ſe vérifie autrefois avoir été ainſi accordé par convention, & à droit de ſervitude expreſſe.

Art. XVI. Si murs, parois, ou autres ſéparations communes menacent ruine, peuvent être les propriétaires d'icelles, à l'interpellation des voiſins, contraints la refaire à leurs dépens; ſi ce n'eſt que cette ruine ſoit avenue par la faute de l'un d'iceux; auquel cas y ſera ſeul tenu, & au dommage des voiſins.

Art. XVII. Si par polices publiques, quelques réparations ont été ordonnées en public ou particulier; & celui ou ceux qui à cauſe de leurs maiſons ou héritages, en ſeront chargés, ne ſatisfont après due interpellation de ce faire; les lovers deſdites maiſons, ou fruits des héritages peuvent être arrêtés, & employés auxdites réparations.

Art. XVIII. De même, ſi en choſes communes;

échéent réparations néceffaires, icelles connues & ordonnées par autorité de Juftice ; après vifitation faite à requête d'un des Parçonniers ; aucuns des autres fe trouvent refufant ý contribuer à leur cotte ; peuvent les loyers de la chofe, ou fruits en dépendans, être arretés, faifis, & employés auxdites réparations.

Aʀt. XIX. Si une perfonne ayant édifié un mur, fur un fonds, fon voifin veut par après édifier, & fe fervir dudit mur, faire le peut, en payant proprement, & avant s'en fervir, la moitié & du fonds & du mur; n'étoit qu'interpellé au préalable par le voifin de fournir de fon fonds, il fe trouvât en avoir été réfufant : ne fera toutefois le premier bâtiffeur tenu retirer fes cheminées ni marriens.

Aʀt. XX. Si fur mur mitóyen ou parçonnier font pofés échenets & chanlattes communes à recevoir les eaux de deux maifons joignantes, & il advient que l'un des voifins veuille hauffer le mur; fera l'autre tenu de retirer la chanlatte fur lui pour le port des eaux de fon bâtimenr. Si toutefois par après bon lui femble rebâtir à l'égaҏ de fon voifin, faire le pourra, & là rapporter ladite chanlatte fur le mur, qui fera commun comme auparavant, en payant la dépenfe de ladite rehauffe.

Aʀt. XXI. Celui auquel appartient un mur fans moyen, joignant à l'héritage d'autrui, ne peut de nouveau en façon que ce foit, non plus qu'en un commun, y pofer fenêtres prenant jour & afpect fur l'héritage de fon voifin : bien peut-il en mettre de borgnes & aveugles avec battes, pour témoignage que le mur lui eft propre.

Aʀt. XXII. Qui bâ iffant contre un voifin, fait caver de nouveau, où profondeur plus bas, qu'auparavant, il doit faire à fes frais retenir le bâtiment de fon voifin, & faire les fondemens ou rempiêtre-

me is si suffisans qu'il n'en reçoive aucuns inconvéniens , à peine de tous dommages & intérêts.

Aʀᴛ. XXIII. Aucun, pour aller, venir, passer,
repasser , ou mener son bétail vain-pâturer en l'héritage d'autrui , lorsqu'il n'est en garde ou défense ,
n'acquert droit ni possession de servitude de passage
ou vain-pâturage, & n'empêche que le Seigneur
ce nonobstant n'en puisse faire profit, si ce n'est
qu'il conste de titre , ou que depuis la contradiction du Seigneur, il y eut prescription de trente
ans.

Aʀᴛ. XXIV. Par quel tems un héritage joignant
à cours , jardins & autres héritages fermés , ait demeuré ouvert au vain - pâturage du bétail en tems
non défendu, n'est par ce le Seigneur du fond empêché de le fermer pour son bien plus grand, quand
bon lui semblera.

Aʀᴛ. XXV. Si quelqu'un , ou plusieurs , ayant
en la Ville ou Village , maison réduite en mazure ,
ou menaçant ruine évidente au préjudice des com-
parçonniers ou voisins , reçoivent interpellation
d'iceux de rebâtir, seront tenus de la rebâtir, ou faire
abattre , ou autrement remettre en tel état que les
voisins ou com-parçonniers n'en puissent recevoir
préjudice.

TITRE XV.

*Des Bois, Forêts, Rivierres, Pâturages, Pâquis
& autres usages communaux , prises de bêtes
en mésus par échapée, & à gardes faites.*

Aʀᴛɪᴄʟᴇ Pʀᴇᴍɪᴇʀ.

D'ᴜsᴀɢᴇ commun, les habitans en divers Villages desquels les bans & finages sont joignans, soient
de mêmes ou diverses Justices, peuvent par droit

de parcours, réguliérement envoyer les troupeaux de leurs bêtes pâturer & champoyer ès lieux de vain-pâture, à l'écart de clocher à autre, s'il y a Eglise; & s'il n'y en a, jusques à l'écart du milieu des Villages; si ce n'est qu'en aucuns lieux il y ait des titres, ou d'usage particulier, autres bornes ou arrêts que lesdits clochers, & milieu de Village.

ART. II. Mais ne peuvent aller ou envoyer en lieu, ou pour aller ou envoyer il soit de nécessité au bétail passer du lieu de sa gîte sur un ban ou finage moyen au leur, & à celui auquel ils prétendent passer, que l'on dit en terme commun, *transfiner*, à peine de cinq sols par chacune bête y trouvée de jour, soit à garde faite ou par échapée : si nuitamment & par échappée, de cinq sols, si à garde faite, de confiscation ; & ce en quel tems & saison que ce soit, s'il n'y a usage approuvé au contraire.

ART. III. Vaine pâture s'entend en chemins, prairies dépouillées après la première ou seconde faulx; terres en friche, bois & autres héritages non ensemencés & ouverts, excepté en tems que par coutume & usage des lieux, ils sont en défense; & que en quel tems & saison que ce soit, on ne doit faire vain-pâturer les porcs esdites prairies, ni ès lieux où il n'y a vaine pâture d'ancienneté.

ART. IV. En vignes indistinctement, n'y a & n'échet usage de pâture, ains en tout tems sont toutes bêtes y reprises, amendables de cinq sols pour chacune bête, outre la satisfaction de l'intérêt.

ART. V. Les prés sont en défense depuis la Notre-Dame en Mars jusques après la Faulx; & le bétail y més-usant de jour, est gageable à cinq sols d'amende pour tête, & restitution du dommage; pris nuitamment & à garde faite, est confisqué.

ART. VI. Le tems de paiſſon & de grainer ès
forêts, bois de haute-futaye, & taillis, dure depuis
la Fête de Notre-Dame de Septembre juſqu'au jour
de Saint-André, & le recours depuis la Saint-André
juſqu'à la Saint-George.

ART. VII. Le bois-taillis eſt en défenſe juſqu'à
ce que le rejet ſoit de cinq feuilles, s'il n'y a chartres, réglement, ou uſage approuvé au contraire,
ou que de la fertilité ou ſtérilité des lieux il ſoit plus
tôt ou plus tard défenſable contre les bêtes, à l'arbitrage de Juſtice, ſi diſpute en écher.

ART. VIII. Toutefois doivent être les coupes
deſdits bois taillis tellement faites & réglées, qu'aux
uſagers ayant vaine-pâture, ne ſoit par icelle indirectement l'accès ôté au ſurplus de ce qui eſt de re-
crû & défenſable.

ART. IX. Durant lequel tems de grainer & de
recours, on ne doit mener porc ni autre bétail en
bois de Paiſſons, ſans le conſentement des Seigneurs,
ou Fermiers de la Glandée : & ſi aucuns y ſont trouvés au contraire, ſont confiſcables.

ART. X. On ne peut mettre ban aux fruits des arbres aſſis en lieu ou champs ouverts ; mais le ban
rompu, les fruits ſauvages ſont communs à tous les
habitans du ban indifféremment.

ART. XI. Meſſiers & Banvars jurés à la garde des
fruits d'arbres, ou enſemencés & pendans ſur terre,
ſont crûs des repriſes faites par eux de jour ou de
nuit par échapée, ou de garde faite ; & eſt l'amende
deſdites repriſes & échapées, de cinq ſols pour chacune bête, outre le dommage, ſelon qu'il ſera rapporté par Juſtice : & peut un chacun valablement
faire telles repriſes ſur le ſien pendant la ſaiſon des
fruits, en les ſoutenant par ſerment ſolemnel ; même
tous autres pendant ledit temps y ſont reçus pourvu qu'incontinent ils repréſentent la perſonne ou le

bétail trouvés més-ufant, en Juftice, & que duement il en confte ou par ferment de parties à autres,
ou d'un témoin digne de foi avec lui.

Art. XII. Et pour ce qu'il advient fouvent que
ceux qui font le dommage, découvrans qu'ils font
apperçus, prennent la fuite, s'ils font fuivis promptement, ou rencontrés, le repreneur eft femblablement cru de fa fuite ou rencontre, & en vaut le
rapport, comme fi la reprife avoit été exploitée
réellement & de fait.

Art. XIII. De même que lefdits Meffiers, font
les porteurs de paux ès dîmes, crûs, fauf pour la
peine extraordinaire de faux-dimages, pour laquelle
eft befoin le rapport du porteur de paux être accom-
pagné du témoignage d'un tiers avec lui, ou autre
preuve plus grande que de fon feul rapport.

Art. XIV. Si durant le tems des fruits & chatels fur terre, aucun eft repris en méfus, il doit
(outre l'amende) le dommage qui fe trouve avoir
été fait ès fruits de l'héritage auquel il aura été repris,
fans être recevable à exciper que cela n'a été fait par
fon bétail, mais par autre non y repris, ou rapportés auparavant ou depuis, fauf à lui d'en faire féparément la pourfuite & la preuve.

Art. XV. En quelle faifon que ce foit, on ne
doit charroyer par prés, à peine de foixante fols
d'amende, au tems qu'ils font en garde de défenfe;
& de cinq fols hors ledit tems, pour chacun char ou
charrette.

Art XVI. Si quelqu'un eft trouvé avoir labouré,
planté paux, hayes, pierres, ou autrement ufurpé
fur hauts-chemins, eft amendable arbitrairement
felon la qualité de l'entreprife & ufurpation; outre
la confifcation des chofes y enfemencées, mifes
ou plantées; fi fur chemins de Vil!es, fentiers, ou
autres communs, de foixante fols; & pour chacun

paux, tronc, ou pierre qu'il y aura mis ou planté ;
de cinq fols, outre femblable confifcation que deffus.

Art. XVII. Ufagers ayant droit de prendre
bois de maronage pour leurs bâtimens, ou bois
pour leurs affouages ou fournages, doivent ufer
de ce droit en bons Peres de famille, & le prendre
par affignal, felon le réglement qui leur en fera
donné par le Seigneur Haut-Jufticier entre fes fujets, ou le Seigneur foncier entre ceux qui tiennent bois en ufage de lui par afcencement, rede-
vance ou reconnoiffance fuffifante, ou qui a droit
de prendre ès bois les amendes & confifcations.

Art. XVIII. Et fera le réglement tel que l'U-
fager ufera de bois-mort, ou mort-bois, avant tous
autres.

Art. XIX. Bois-mort, eft bois-fec, debout ou
gifant ; & l'ufager d'icelui le peut indifféremment
prendre par tout où il fera trouvé ; tellement qu'il
n'y échet autre réglement, finon de prohiber audit
ufager d'en vendre ou diftribuer hors le lieu dudit
ufage.

Art. XX. Le mort-bois eft comme aulnes, ge-
nêts, épines & autres bois ne portans fruits, autrement dit *blanc-bois :* & fe doit régler tellement,
que l'ufager ne le prenne à fon choix indifféremment par-tout, ains par lifieres qui fe marqueront ;
& efquelles (après qu'elles feront abattues) on ne
pourra couper qu'après certaine quantité d'années,
propres à la recrue du bois, felon la fertilité ou
fterilité du lieu.

Art. XXI. Lequel réglement s'obfervera femblablement ès ufages des bois-taillis, foit pour chauffage de fours, ou affouages des maifons particulieres, foit pour échalats, liens, ramées, & autres
telles commodités ; à ce que la recrue en foit ordinaire de douze ans ès lieux fertiles ; & ès fteriles,
de dix-huit.   Art. XXII.

ART. XXII. Il y a auffi réglement au bois de ma-ronage : favoir que celui qui a droit d'en prendre pour bâtir, n'en pourra couper & abattre, qu'il ne lui foit marqué & affigné.

ART. XXIII. Généralement ne peuvent les ufa-gers vendre ou diftribuer du bois de leurs ufages, ni autrement en ufer que pour leur propre, non plus que des herbes, fruits ou autres chofes quelconques croiffantes efdits bois.

ART. XXIV. La peine des més-ufans en ce ré-glement, eft telle qu'elle a été ordonnée ès gruries de S. A. voire contre ceux qui pour le droit de leur ufage font fondés non feulement en jouiffance & prefcription, mais en titres ou chartres, n'eft donc que l'amende foit déclarée expreffément autre que ladite ordonnance, moindre ou plus grande.

ART. XXV. Auffi étant par l'ufager, ou de fa part, l'affignal demandé pour bois de maronage, on eft tenu le bailler dans vingt-quatre heures ; à faute de quoi, pourra ledit ufager en aller couper, ou faire couper, fans reprife.

ART. XXVI. Généralement la peine de tous re-pris més-ufans ès bois, nuitamment avec char & chevaux, eft de la confifcation d'iceux ; & ceux qui font en poffeffion de jouir du même droit de con-fifcation contre les Forains ou Sujets més-ufans de jour, y feront maintenus, l'intérêt réfervé au Sei-gneur du fonds, s'il n'a part en la confifcation.

ART. XXVII. Réguliérement ufagers ayant fa-culté de mettre nombre de porcs à la vaine pâture d'aucun bois, n'y en peuvent mettre d'autres que pour la nourriture de leurs maifons, à peine d'a-mende, & de confifcation de ceux qui fe trouveront n'être pour leur nourriture, au profit du Seigneur Jufticier, & de dommages & intérêts au proprié-taire defdits bois, s'il n'y a autre peine à ce particu-

G

liérement établie, ou que lefdits ufagers aient titres, poffeffion, jouiffance, ou ufages valables au contraire, d'y en pouvoir mettre indifféremment.

ART. XXVIII. Communautés ayant bois, pâquis, terres, & autres chofes communiales, à eux appartenantes, ne peuvent les vendre, donner, échanger, ou autrement aliéner, ni changer leur nature, fans l'aveu & confentement du Seigneur Haut-Jufticier, à peine de nullité de telles aliénations, d'amande arbitraire, & de confifcation des chofes aliénées ou changées: & s'ils font connus més-ufer d'icelles, ou en ufer autrement que bons Peres de famille, peut ledit Seigneur y donner ou faire donner réglement convenable, fauf aufdites Communautés de fe pourvoir par Juftice, fi elles s'y fentent intéreffées.

ART. XXIX. Les Communautés ni les particuliers d'icelles, ne peuvent vendre ou louer leurs Embannies, ni autrement en ufer, que pour leur propre ufage, à la nourriture de leur bétail, & de celui qu'ils tiennent à laix, communément dit *à hôte*, & non d'autre, que frauduleufement, par prétexte d'achat ou louage fimulé, ils pourroient (toutefois au profit d'autrui) prendre & loger fous cette fuppofition; & ce fous peine de confifcation dudit bétail, leur étant notifié cet article fix femaines aparavant.

ART. XXX. Ceux qui ont droit de tenir troupeau à part, ne peuvent vendre leur vain-pâturage, pour y mettre autre troupeau que le leur propre; le tout à peine de confifcation du bétail au Seigneur, & de la fatisfaction de l'intérêt aux Communautés.

ART. XXXI. Le Seigneur ayant droit de tenir troupeau, le peut admodier avec fa terre; mais il ne peut vendre le vain-pâturage, pour y mettre autre troupeau que le fien propre, ou celui de fon admodiateur, fous peine de la fatisfaction de l'intérêt aux Communautés.

ART. XXXII. Arbres fauvages fruitiers, en ban & lieu non fermé, ne peuvent être coupés fans la permiffion du Seigneur Haut-Jufticier, à peine de l'amende de cinq francs.

ART. XXXIII. En riviere d'autrui, nul ne peut pêcher (s'il n'a droit ou ufage prefcrit au contraire) fans la permiffion du Seigneur à qui appartient le droit de pêche, à peine de l'amende à icelui, s'il a jurifdiction au lieu, ou eft en ufage de la percevoir; finon au Seigneur Jufticier dudit lieu, dommages & intérêts du Seigneur propriétaire de ladite pêche.

ART. XXXIV. Les habitans des Villes ou Villages privilégiés de pêcher en riviere d'autrui, ne peuvent y pêcher qu'à la ligne fans plomb, à la charpagne, à la petite trouille & au fuplot, & pour leur défruit feulement.

ART. XXXV. Droit de pêcher en riviere ou ruiffeau n'arguë Jurifdiction pour celui à qui il appartient, fi d'ailleurs il n'a droit, ou eft en jouiffance d'icelle.

TITRE XVI.

Des Cens, Rentes Foncieres, Perpétuelles, ou à Rachat, Hypotheques, & chofes cenfées Meubles & Immeubles.

ARTICLE PREMIER.

LE Seigneur cenfier trouvant l'héritage à lui cenfable vuide, fans tenementier, peut s'y faire conduire, le détenir, & en lever les fruits & émolumens, & les faire fiens, jufqu'à ce que l'héritier ou fucceffeur capable fe préfente à le tenir.

ART. II. Si plufieurs font poffeffeurs d'un hérie

tage ou ténement affecté de cens, le Seigneur d'i-
celui n'eft tenu le divifer : ains peut pour le tout
contraindre celui des tenanciers que bon lui femblera ; & à ce défaut, faifir ou faire faifir la piece
y affectée, & la tenir jufqu'à fatisfaction.

ART. III. Quand il advient que faute de cens payé,
le Seigneur d'icelui fait faifir l'héritage cenfable; fi
le poffeffeur duement fignifié n'en obtient provifion de Juftice convenable dans la quinzaine, eft le
Seigneur fubordinément mis en poffeffion dudit
héritage. Et fi dans la quinzaine fuivante qu'elle
aura été notifiée au propriétaire dudit héritage, il
n'acquite le cens, ou s'en pourvoit par voie de Juftice, il demeure acquis audit Seigneur cenfier.

ART. IV. En tout cas, fi le détenteur de l'héritage cenfable par emphytéofe, afcenfement, ou
admodiation à longues années, ayant laiffé par trois
ans de payer le canon, le cens, ou la penfion, eft
duement interpellé par le Seigneur direct, cenfier,
ou de fa part, en eft refufant ; de ce fait il eft privable de la chofe tenue, laquelle eft commife au
Seigneur cenfier.

ART. V. N'y a toutefois amende ordinaire, ou
peine de commife, faute de cens non payé au
terme, s'il ne confte ou par lettres de l'afcenfement,
au autrement duement.

ART. VI. Et fi par l'ufage y a amende, ou par
le contrat certaine peine établie, ne peut être demandée que d'une année, ores que le cens foit dû
de plufieurs, n'étoit que le detteur d'icelui fut tombé
en telle contumace, que d'en avoir contefté par procès.

ART. VII. Où il y auroit eu négligence de demander le cens ou rente fonciere, due de plufieurs
années, à l'interpellation, fe paiera d'autant d'an-
nés qu'il fe trouvera être dû.

ART. VIII. Mais rente conftituée en deniers ;

non acquittée de plusieurs années, ne se payera dorénavant que de trois années seulement, s'il ne
conste qu'elle ait été demandée , ou par acte pris
du refus, ou autrement duement.

ART. IX. Les relévemens & revêtemens seront
suivis ès lieux où ils sont dûs, & ont eu lieu par
ci-devant.

ART. X. Es lieux où les tailles sont réelles ,
elles se payeront à proportion & mesure des héritages sur & à raison desquels elles sont dues , & où
elles sont personnelles, par distribution & considération du fort au foible.

ART. XI. Tous cens & rentes foncieres , sous
lesquelles un héritage se trouve ascensé, soit à perpétuité ou à rachat , sont censés immeubles à celui
à qui ils sont dûs, jusqu'à ce que le rachat soit fait.

ART. XII. Toutes autres rentes constituées à
prix d'argent, communément dites *votantes* , soit
par contrat d'emption ou vendition d'immeubles,
à rachat, gagiere ou constitution de rente expresse
sur hypotheque aussi à rachat , sont réputées meubles , tant & si longuement que la faculté du rachat
dure ; voire ne sont telles venditions & emptions
d'immeubles à rachat, pour lesquelles les vendeurs ,
ou autres en leurs noms , retenans les héritages
vendus , constituent aux acquéreurs rente ou pension
pendant la faculté, censées & tenues que pour sim-
ples hypotheques , ladite faculté durante.

ART. XIII. Quiconque prétend aucuns cens ou
rente , sur autrui, encore qu'il ait lettres d'ascensement ou de constitution d'icelle, doit vérifier néan
moins qu'elle lui a été payée depuis trente ans :
autrement si le titre est de tems excédant celui desdits trente ans, est tenue pour prescrite au profit
du detteur prétendu d'icelle.

ART. XIV. Héritage laissé à titre d'ascensement ,

peut être renoncé pour le cens, en payant les arrérages échûs, si le reteneur ne s'est obligé que de
la piéce afcenfée. Mais s'il y a ajouté contre-à-bout,
ou s'est obligé, & fes biens, à payer ledit cens,
& entretenir la chofe afcenfée, il n'y fera reçu, fi
bon ne femble au laiffeur ou afcenfeur.

ART. XV. Le Seigneur cenfier n'a droit d'a-
voir par préférence l'héritage aliéné, mouvant de
lui en cens, s'il n'est en ce expreffément fondé par
le laix & convention de l'afcenfement.

ART. XVI. Si toutefois le cens ou la rente est
due en efpece de bled, vin, huile & autres chofes
qui fe pefent, mefurent, ou changent de prix, &
les chofes viennent à ce point; qu'eftimation en
foit ou confentie par les parties, ou ordonnée par
le Juge; elle doit être faite des années & arrérages
échus ayant conteftation en caufe, à leur value plus
commune efdites années, & au plus haut pour
celles qui depuis ladite conteftation auront couru,
jufqu'à pleine fatisfaction.

ART. XVII. Meubles n'ont fuite par hypotheque,
s'ils fe trouvent ès mains d'un tiers, fans fraude,
dol ou collufion; fi ce n'est comme il a été dit ci-
devant, au profit du locateur contre fon conducteur,
ou d'un Marchand requerant délivrance de la marchandife par lui vendue, faute de paiement, avant
qu'icelle, ou lefdits meubles foient vendus à requête
d'autre créditeur; ou qu'ayant été lefdits meubles
arrêtés une fois, pris & exécutés, lefdits arrêt &
exécution fuffent difcontinués, & les gages pris,
depuis vendus.

ART. XVIII. Celui qui poffede un héritage hypothéqué à aucune rente annuelle, ou dette à une
fois, est tenu hypothéquairement acquiter la charge
dont il fe trouve chargé; autrement peut le créditeur
icelui faire crier, & vendre par décret & droit de
Ville, tant pour le fort qu'arrérages.

Art. XIX. Si toutefois ledit poffeffeur ayant fommé fon garant , ne peut être garanti de lui , & à ce défaut il quitte & abandonne l'héritage audit créditeur , y renonçant , ne peut être pourfuivi davantage , non même des arrérages échûs depuis le tems de fon acquêt , en fe purgeant par ferment n'en avoir eu connoiffance auparavant la pourfuite , & pourvû qu'autrement il ne foit héritier du detteur originaire ; auquel cas en feroit tenu plus avant pour telle cotte qu'il lui eft héritier.

Art. XX. S'il y a d'un detteur au profit de fon créancier , obligation d'hypotheque fpéciale , une ou plufieurs , après laquelle fuive la générale de tous les biens , le créditeur ne peut commencer fa pourfuite , foit par exécution ou autrement , que fur la chofe , ou chofes hypothéquées , & pardevant le Juge du lieu de leur fituation & affiette ; même n'eft recevable d'agir en vertu de la générale , qu'en fupplément ou défaut de la fpéciale , fi ce n'eft que le choix lui en foit laiffé par les lettres de l'obligation , & s'il y a plufieurs piéces hypothéquées fpécialement , foit qu'elles foient affifes en un ou divers lieux des Bailliages , peut à toutes , ou auxquelles que bon lui femblera , s'adreffer.

Art. XXI. Si fur un fonds ou héritage y a diverfes rentes hypothéquairement conftituées , autrement toutefois que par titres d'emptions ou venditions ; encore que l'un des créanciers ait joui de la fienne , l'autre non , fi eft-ce que le premier au profit duquel fe trouvera avoir été ledit héritage hypothéqué , fera pour le fort & tems à l'avenir de la rente , préféré par priorité de date , à l'autre qui par quelque tems aura joui de la fienne.

Art. XXII. Cédule ou outre promeffe par écriture privée , ne porte aucune exécution parée , finon du jour de la reconnoiffance en jugement.

G iv

Art. XXIII. En Maisons & Châteaux de Gentils-hommes, artilleries, piéces de fonte, arquebuses à croc, & de guerre, & toutes autres armes pour défense de maison, sont tenues pour immeubles.

Art. XXIV. Par-tout, moulins, pressoirs, & autres meubles de bois cloués, ou tellement appro-priés, que sans détérioration, ou évidente incom-modité de la chose, ne puissent être transportés, sont censés immeubles.

Art. XXV. Deniers de Mariage à Gentils-femmes, fruits pendans par la racine sur héritages, & deniers d'admodiation pour chose de laquelle les fruits & profits n'ont encore été recuillis ni mois-sonnés par le Fermier, sont censés immeubles dûs à l'héritier immobiliaire; séparés du fonds, ou re-cueillis par le Fermier, sont ameublis, appartien-nent au mobiliaire.

TITRE XVII.

DES Arrêts, Saisies, Gageres, Exécutions, Vendages à droit de Ville, mains-levées & Recréances.

ARTICLE PREMIER.

ON ne peut, ni doit-on procéder par Arrêts, saisies, Gageres, ni autre voye d'exécution, que ce ne soit pour chose jugée, droit seigneurial or-dinaire, ou en vertu d'obligation passée sous sceau authentique pardevant Tabellion, reconnoissance, ou soumission en Justice.

Art. II. Exécutions faites par commission de Bailly, ou son Lieutenant, sur chose jugée; obli-gation authentique, ou autres actes portans exé-cution-parée, doivent être faites néanmoins avec garnifon & nantiffement de bien en main de Juftice, ores qu'il y ait oppofition formée, & fans préjudice d'icelle en autre maniere.

ART. III. De même, pour gageres faites par ordonnance ou autorité de Juge inférieur : mais s'il y a provifion de recréance à Bailly, & la recréance n'en eft faite par celui qui a impétré la gagere fous la caution délivrée à l'impétration des lettres de recréance, il y eft pourvû par le Juge (parties fur ce fommairement ouies) ou au défaut de la non-comparition de l'adjourné à la premiere affignation, en donnant ladite caution bonne & reffeante, fi celle qui aura été livrée à l'impétration des lettres d'ajournement, eft contredite, & trouvée non-fuffifante. Si toutefois il appert à ladite affignation la gagere avoir été faite pour droit Seigneurial bien reconnu, ou chofe jugée & fans excés, ne devra telle recréance être provifionnellement ordonnée ; ains tiendra la gagere pendant le procès.

ART. IV. Sentence en action perfonnelle, donnée contre celui qui pour autre a pris la garantie & caufe d'autrui en défenfe, eft exécutoire contre le garantigié, auffi-bien que contre le condamné s'il fe trouve non-folvable, ou de convention plus difficile que le garantigié ; fauf audit garantigié fa pourfuite d'indemnité contre fondit prétendu garant.

ART. V. Sentences doivent être exécutées dedans l'an & jour de la prononciation d'icelles ; autrement fi elles fe trouvent furannées, n'engendrent à celui en faveur de qui elles ont été données, qu'une nouvelle action contre le condamné, fes héritiers ou ayans-caufe, pour voir déclarer la fentence exécutoriale, ou dire les caufes pourquoi elles ne le doivent être. Mais il n'y a appellation en cette nouvelle action, ores que la précédente y auroit été fujette, pource que c'eft fur la chofe jugée.

ART. VI. Aucun en action civile & ordinaire, ne peut être contraint par corps de satisfaire à chose par lui due ou promise, s'il ne s'y est obligé par exprès, ou si ce n'est pour deniers princiers.

ART. VII. D'obligation ou cédule sous promesse de payer, sans expression de terme certain, ne peut le detteur tirer argument de ne payer qu'à sa volonté; au contraire est censé s'être soumis à celle du créditeur, & de payer toutefois qu'il en sera par lui interpellé.

ART. VIII. Obligation passée sous sceau authentique, acte de Justice, ou autre semblable, portant exécution parée, est exécutoire de plein saut contre l'héritier de l'obligé ayant refusé de payer, au semblable qu'elle eut été contre le detteur. De même peut le cessionnaire faire exécuter l'obligation à lui cédée, en justifiant le transport.

ART. IX. Dette due par un tiers à celui qui est detteur à autrui, peut être saisie ou arrêtée à requête de son créancier; en faisant par lui notifier l'arrêt audit tiers detteur, qui moyennant ce, & depuis n'en doit faire délivrance à son créditeur principal, que la main ne lui en soit levée par Justice, à peine de la payer encore à celui à requête de qui elle aura été arrêtée; s'il ne se trouve autrement devoir être fait par Justice, même peut ledit tiers être contraint se purger par serment de ce dont lors desdits arrêts ou saisie, il pouvoit sans fraude être attenu audit detteur.

ART. X. Quiconque s'est constitué pleige & fidéjusseur, ne peut être exécuté que subsidiairement au défaut d'être le detteur principal non solvable (discussion sur lui préalablement faite) sinon que le pleige & fidéjusseur se soit constitué detteur & payeur principal; auquel cas peut être le premier convenu au choix du créancier. Et si plusieurs tierteurs, un feul néanmoins pour le tout, lui font obligés pour une feule & même dette, peut à tel ou tels que bon lui femble, s'adreffer pour toute la fomme; s'ils ne font obligés un feul pour le tout, ou n'ayant renoncé au bénéfice de divifion, lors eft tenu divifer fa fomme, & la requérir à chacun pour fa cotte.

ART. XI. Si un créditeur ayant fait exploiter les bien-meubles de fon detteur, fe trouve un tiers oppofant, qui maintienne lefdits biens, ou partie, lui appartenir, & il déclare faits & moyens concluant à fon intention; fera reçu à les foutenir, & vérifier par fon ferment, & celui du detteur, & qu'il n'y ait entr'eux fraude, intelligence ou collufion aucune par enfemble : fi ce n'eft que le créditeur veuille vérifier le contraire, & qu'ils ne foient tous deux, ou ledit oppofant, recevables à porter témoignage, & avoir crue en Jugement.

ART. XII. Perfonnes appellées en jugement, foit pour y défendre, porter témoignage, ou autres chofes faire pour l'expédition de leurs caufes, ne doivent être arrêtées ni détenues en corps ni en biens, pour dette, ou matiere civile, qu'elle elle foit.

ART. XIII. De même, & particuliérement Gentilshommes de l'ancienne Chevalerie venans aux affifes, & y féjournans, tant pendant icelles que jugement des appellations, & retournans, ne peuvent être cependant leurs meubles, chevaux ou autres biens, faifis ni arrêtés pour dettes, ou autres obligations civiles.

ART. XIV. L'hôtellier peut légitimement arrêter les meubles de ceux qui ont bû & mangé en fon logis, pour le paiement des dépens qu'ils y ont faits lors de tel arrêt; non toutefois pour autres précédens, fi aucuns en doivent du paravant. Et est ledit hôtellier préférable à tous autres créditeurs de ses hôtes, d'avoir & retenir les dépens faits par iceux au tems de sa saisie, sur les biens & chevaux hôtellés.

Art. XV. En obligation générale des meubles & immeubles, après que discution a été faite des meubles, doit l'impétrant de l'exécution, la continuer sur les biens qui sont encore en la possession de son detteur, avant que s'adresser subsidiairement à autres qu'il auroit aliénés depuis la création de la dette.

Art. XVI. De même, s'il y a hypotheque spéciale, doit faire discussion d'icelles, premier que passer aux autres biens généralement obligés ; si ce n'est que le choix par le contrat lui en soit laissé.

Art. XVII. Biens vendus par autorité de Justice, soit meubles ou immeubles, peuvent (après le vendage à droit de ville & délivrance faite des meubles, ou mise en possession de l'acquêteur ès immeubles) être rachetés par le detteur dedans la quinzaine, plutôt que laquelle expirée, ne commence à courir l'an de retrait lignager.

Art. XVIII. Ne s'apprétierónt dorenavant les biens exploités à requête des créanciers, pour leur être délivrés en paye au prix & estimation faite par Justice, ains se subhasteront à requête desdits créanciers, ou au lieu, où ils auront été exploités, ou en autre prochain à ce plus propre & commode ; & s'enchérront au plus offrant & dernier enchérisseur ; qui pourront les ceder & transporter par après auxdits créanciers, s'ils en conviennent.

Art. XIX. Et pour tout délai sont lesdits enchérisseurs tenus par corps, satisfaire au prix de leurs encheres dans la quinzaine pour les meubles, & le mois pour les immeubles.

Art. XX. En prise & exécution de meubles,

ne doivent être pris gages pâturans, fur-tous les chevaux ou bœufs tirans à la charrue, ni les outils d'un ouvrier, defquels il fe fert ordinairement à travailler de fon métier, tant & fi longuement qu'il s'en trouve d'autres; n'étoit en reprifes de méfus ès fruits des champs, que le bétail y trouvé més-ufant, doit être pris & mené à Juftice, ou aux lieux accoutumés à les mener & détenir, & y demeurer jufqu'à ce qu'il foit pleigé par celui à qui il appartient.

TITRE XVIII.

Des Prefcriptions & Hautes-Poffeffions.

ARTICLE PREMIER.

QUICONQUE fans interruption, contredit ni empêchement, a poffédé de bonne foi héritage, foit de fief, franc-aleu ou de roture, par l'efpace de trente ans, il a acquis la propriété & feigneurie dudit héritage, & en eft fait à ce moyen maître & feigneur, fans diftinction ni recherche aucune fi telle poffeffion a commencé, ou a été continué avec titre ou fans titre, entre abfens ou préfens, contre le Prince ou le Vaffal, & tout autre quel il foit, pourvu qu'elle n'ait été commencée, & continuée à telle voye de force ou violence, que contre icelle il n'y ait eu moyen aucun fe pourvoir par Juftice, le tems de la prefcription durant.

ART. II. De même font toutes actions, charges, redevances, rentes & preftations perfonnelles, ou réelles, prefcriptibles par trente ans; & toutes prefcriptions par lefquelles on peut acquerir plein droit en la chofe, foit mobiliaire ou immobiliaire, uniformément réduites à ce tems.

Art. III. Toutefois droit de pure faculté, foi
& hommage du vassal envers son Seigneur, & choses
tenues entre parçonnier par indivis, & droit seigneuriaux sur les sujets, sont de soi imprescriptibles,
si ce n'est du tems de la contradiction es droits de
ladite faculté; & que le comparçonnier ait fait ou
exercé quelque acte de Jurisdiction, ou autrement
possédé particuliérement quelque chose en la communauté, privativement de son comparçonnier;
verifiant par titre ou autrement duement, l'avoir
fait de son droit, prérogative, ou autre droit particulier hors ladite Communauté.

Art. IV. Aussi sur bien propre de la femme,
vendu par le mari sans son consentement, ne court
prescription contre icelle le tems du mariage durant,
qu'elle est & demeure sous la puissance de son
mari.

Art. V. Possession s'acquiert par an & jour, &
quiconque y est troublé, doit agir & se pourvoir
par complainte de nouvelleté, ou autre remede possessoire contre le trouble, dedans l'an & jour d'i-
celui, autrement lui est cette action prescrite.

Art. VI. Action d'injure est périe à l'injurié si
dedans l'huitaine de l'injure à lui dite, ou sue par le
rapport d'autrui, il n'en fait le plaintif, & le poursuit dedans l'an & jour: de même est l'action du
délit prescrite, si dedans l'huitaine qu'il a été inféré,
n'en est fait le plaintif, & la poursuite dedans ledit
tems d'an & jour.

Art. VII. Adjournement requis en assises ou
ailleurs, pour commencer une action pétitoire;
s'il se trouve délaissé de sorte, qu'il soit demeuré en
ces termes, sans production de demande de la part
du requérant; advenant que depuis cette disconti-
nuation, il se trouve par autres nouveaux adjournemens avoir dressé action, en laquelle partie def-

fendereffe excipe de jouiffance prefcrite à tems de haute poffeffion, & veuille le requérant à ce oppofer interruption du moyen defdits adjournemens premiers; n'y eft recevable, fi ce n'eft que la demande fur laquelle fera ladite exception propofée; ait été produite fur les mêmes adjournemens defquels il arguë ladite interruption : auquel cas fe prend ladite interruption dès le tems du premier defdits adjournemens requis, avant lequel, lors eft de néceffité au défendeur, vérifier le tems de fa prétendue haute-poffeffion, non-feulement de celui de la production de la demande.

ART. VIII. Tous Articles accordés par SON ALTESSE, aux États, demeurent en la force & vigueur des Loix & Coutumes écrites.

ART. IX. Si par fucceffion de tems on reconnoiffoit quelque coutume ci-deffus écrite, porter préjudice aux autorités, prérogatives ou priviléges de quelqu'un des États, telle Coutume fe pourra changer par un état fuivant.

COUTUMES NOUVELLES

DU MÊME TITRE.

Des Prefcriptions.

ARTICLE PREMIER.

ON ne peut prefcrire contre l'Eglife, à moins de quarante ans.

Cet Article eft interprêté par Ordonnance de SON ALTESSE, *du dernier mars 1599, où il eft dit, qu'il n'a été entendu ledit Article devoir être étendu plus avant que fur les chofes qui font de droit prefcriptibles, non fur le droit de dixmes, qui eft imprefcriptible, ni autrement.*

ART. II. Dorenavant en toutes caufes, actions

& procès commencés ès affifes, tant de Nancy ; Vofge que Allemagne, & ès Siéges fupérieurs des Bailliages , il fera loifible aux parties faire enquête de témoins & examen à futur, parties appellées, & autres cérémonies en tel cas requifes obfervées, & vaudront les dépofitions des témoins , tout ainfi que fi les enquêtes étoient faites, le procès étant en termes & état d'enquêter. Devront néanmoins lors lefdits témoins être recollés en leurs dépofitions, s'ils font encore vivans; & lefdites enquêtes & examen demeurer clos & fermés jufqu'à ce qu'il les conviendra employer.

LES ÉTATS.

EN l'état général convoqué à Nancy au premier jour de Mars mil cinq cens quatre-vingt-quatorze ont été lues & relues les Coutumes ci-devant écrites , & communiquées à Son Altesse, & en a-t-on fait extrait de celles qui ont femblé nouvelles, lefquelles on a prié très-humblement Son Altesse de vouloir homologuer : les autres ont été tenue pour anciennes, & par ci-devant pratiquées, & que dorenavant l'on doit fuivre & obferver ; préfens ce, pour l'État Eccléfiaftique, les reverends Peres & Seigneurs Antoine de Haraucourt, Prieurs de Flavigny : Antoine de Lénoncourt, Prieur de Lay : les Abbés de Chaumoifey, de Senone, de Belchamp , d'Eftivay , de Lunéville , Prieur de Breuil : Jean de Mouffon , Prévôt de St. Georges de Nancy : Jean Gerardin, Chanoine & Chancelier d'Office en l'Eglife de Remiremont.

Et pour l'État de Nobleffe , de Hauts, Puiffans & honorés Seigneurs, Jean Comte de Salm, Maréchal de Lorraine & Gouverneur de Nancy : African de Hauffonville , Baron d'Orne , Maréchal de Barrois,

Barrois., & Gouverneur de Verdun : Chriſtophe de
Baſſompierre, Sieur dudit lieu & de Haroué,
Grand-Maître d'Hôtel & Chef des Finances de
Son Altesse : Charles de Lénoncourt, Baron
d'Ormes, Sénéchal de Lorraine : Frideric Comte
Sauvage du Rhin & de Salm, grand Ecuyer de Lor-
raine : Otho Comte Sauvage du Rhin, Sieur de
Morhanges : Georges de Savigny, Sieur dudit lieu
& Chevalier de l'Ordre de France : Peter Ernſt,
Baron de Créhange : Chriſtophe Baron de Créhange :
Regnault de Gournay, Sieur de Viller, Bailly de
Nancy : René de Florinville, Bailly de Voſge :
Philippe de Ragécourt, Sieur d'Ancerville, Bailly
d'Allemagne : René d'Anglures, Sieur de Melay,
Gouverneur de la Mothe : Philbert du Châtelet,
Bailly du Baſſigny : Jean de Pourcelet, Sieur de
Mailhane, Gouverneur de Toul, & Bailly de
l'Evêché de Metz : Theodore de Lénoncourt, Sieur
de Gondrecourt, Gouverneur de Marſal : Georges
Bayer, Baron de Bopatt : Antoine de Haraucourt,
Sieur de Parroy & de Gircourt, Capitaine de l'Ar-
tillerie : Jean de Beauveau, Sieur d'Aviller : Louis
de Beauveau, Sieur de Tremblecourt : Louis de Li-
ceras, Sieur de Bouſſerville, Bailly de Châtel :
Jean de Cuſtine, Bailly du Comté de Vaudemont :
Nicolas de Hautoy, Sieur de Receicourt : Jean de
Marcoſſay, Sieur de Going : Valter de Lutzel-
bourg, Capitaine de Sarbourg : Jacques du Val,
Sieur de Mondreville : Jean de Hautoy, Sieur de
Nubécourt : Jacques de Ragécourt : Charles de Lignéville, Sieur de Tantonville : Gaſpard de Lignéville, Sieur de Tumejus : François - Henry de
Haraucourt, Sieur de Magnieres : Jacob de Ha-
raucourt, Sieur de Bayon : Jean du Buchet, Sieur
d'Ajoncourt : Charles le Boutejllier, Sieur de
Bouvigny : Humbert de Bildſtein, Sieur de Mag-

nieres, Gouverneur de Bitſch : Jean de Bildſtein ſon Fils : Nicolas de Bildſtein, Sieur de Froville : Hartor de Palan : Jacques de Lignéville, Sieur de Vannes : Robert de Stainville, Sieur d'Outrancourt : Chriſtophe de Séraucourt, Sieur de Romain : Louis de Cuſtine, Sieur de Villy : Adam de Cuſtine, Sieur de Guermanches : Claude de Sarnay, Sieur dudit lieu & de Frouart : Olry d'Ouches, Sieur de Cercueur : Samuel de Gournay Friauville : Jean Blaiſe de Mauleon, Bailly de l'Evêché de Toul : Louis de Mauleon ſon Fils : Henry de Ludres, Sieur de Richarmeſnil : André de Landres, Sieur de Fontenoy : le Sieur de Tavigny : Jean de Pouilly, Sieur de Hugne : Simon de Pouilly, Sieur d'Eſne : le Sieur de Vaſprich : Jean de Buffegnécourt : le Sieur de Beliup : Louis de Fours, Sieur de Mons : Nicolas d'Ainville, Sieur de Gueblanges, Jean de Crevé, dit d'Horville. Et pour le tiers état, les Députés des Villes des Duchés de Lorraine & de Bar.

ORDONNANCE
DE SON ALTESSE.

CHARLES, par la Grace de Dieu, Duc de Calabre, Lorraine, Bar, Gueldres, Marchis, Marquis de Pont-à-Mouſſon, Comte de Provence, Vaudémons, Blamont, Zutphen, &c. A tous qui verront ces préſentes, SALUT. Bonne & grande partie des Eccléſiaſtiques & vaſſaux de Lorraine & Barrois, & notamment des Bailliages de Nancy, Voſge & Allemagne, convoqués en ce lieu à notre Mandement au douzieme de ce mois, y ayant à divers jours conféré de pluſieurs affaires concernant le bien & l'utilité du Public & de la Juſtice ; même la continuation de l'ayde des deux francs par conduit pour les trois mois d'Octobre, Novembre & Décembre prochains, Nous ont fait remontrer qu'aux cahiers des vieilles Coutumes dont en l'assemblée derniere des Etats Généraux ils auroient fait recueil, & pour mémoire les mis & redigés en écrit : ayant remarqué que celle où est parlé de la Communauté des Acquêts & Conquêts immeubles entre Gens mariés, *soit que les Femmes soient dénommées ès contrats d'iceux ou non,* ayant été dressés en termes généraux & indéfinis, en pourroient ci-après naître plusieurs difficultés, si elle n'étoit autrement plus particuliérement interpretée. Ils auroient avisé, que comme on tient au Bailliage d'Allemagne de Coutumes anciennes, les Femmes n'avoir été participantes d'Acquêts, si elles n'étoient dénommées ès contrats d'iceux; ainsi s'il y en sourdoit difficulté entre parties, elles ne soient par ce obligées à ladite Coutume, selon qu'elle est écrite audit cahier, ains à ce qu'en ce fait elles prouveroient avoir été pratiqué ci-devant; & d'abondant qu'en tous lesdits Bailliages, ladite Communauté ne puisse avoir lieu ès acquêts faits par le mari de succession immobiliaire, qui pouvoient lui avenir par hoirie & succession *ab intestat* (lors principalement que le prix répondroit à la valeur des choses acquêtées) n'étoit doncques que la Femme fût expressément dénommée au contrat; sauf que si le Mari avoit aliéné du bien propre de la Femme pour satisfaire à l'acquisition, en ces cas les biens d'icelle, ou partie, lui demeureront obligés, à la concurrence & à proportion desdits deniers, jusqu'à la restitution d'iceux. Encore pour ce qui touche la Garde Noble des enfans aux peres & meres, où il est dit : *qu'ils feront les fruits leurs, tant de ce qu'obvenu seroit auxdits mineurs, que de ce qu'obvenir leur pourroit, le tems de leur*

H ij

minorité durant : Que cela s'entend de ce qui leur aviendra *ab inteftat ;* car avenant que celui de qui le bien proviendra, ait par teftament ou autre Ordonnance nommé un autre que le pere ou la mere, pour gouverner le bien qui doit écheoir aux mineurs, & à leur profit rendre compte des fruits, levées & apports d'iceux pardevant le Juge qu'il ordonnera, fa volonté en ce foit fuivie. Nous ayant lefdits Eccléfiaftiques & Vaffaux fait fupplier très-humblement vouloir avoir ces modifications, entelligences & interprétations pour agréables, & les approuver & confirmer de notre autorité fouveraine : inclinans à quoi, pour les avoir jugées raifonnables & équitables : Savoir faifons que par avis des gens de notre Confeil, Nous avons le tout de ce que deffus, confirmé, approuvé & agréé; déclaré & déclarons lefdites Coutumes anciennes être telles, & ainfi devoir être modifiées, entendues : interprêtées & tenues, qu'il y eft dit & déclaré, partout, en Jugement & dehors, fans difficulté aucune. Mandons à tous Juges de nofdits Pays, & à tous autres de nos Officiers, Hommes & Sujets qu'il appartiendra, ainfi en juger & s'y conformer aux occurrences. Et pour ce que plufieurs pourront avoir à faire d'enfeignement de cette notre déclaration, voulons qu'au *vidimus* des préfentes duement collationnées, foi foit ajoutée comme à l'original : car telle eft notre volonté. En témoin de quoi Nous avons figné ces préfentes de notre main, & à icelles fait mettre & apprendre notre grand Scel. Données en notre Ville de Nancy le 16 du mois de Septembre 1594.

Ainfi figné, CHARLES. *Et plus bas* par Monfeigneur LE DUC, *&c.*

Les fieurs Comte de Salm, maréchal de Lorraine, & Gouverneur de Nancy; d'Hauffonville, Maré-

chal de Barrois , & Gouverneur de Verdun ; d'Ancerville , Bailly d'Allemagne ; de Melay , Gouverneur de la Mothe & Monteclair, de Mailhane,
Gouverneur de Toul ; de Mondreville ; du Buchet,
Chambellan ; Maimbourg, Maître aux requêtes ordinaires ; Remy , Procureur Général de Lorraine ,
& G. de Chastenoy, présens,   M. BOUVET.

Regiſtrata, L. Henry, & ſcellées en cire rouge
du grand Scel de SON ALTESSE.

ORDONNANCE

DE SON ALTESSE,

Sur l'homologation des Coutumes Générales Nou-
velles des Bailliages de Nancy , Voſge &
Allemagne.

CHARLES, par la grace de Dieu, Duc de
Calabre, Lorraine, Bar, Gueldres, Marchis, Marquis de Pont-à-mouſſon , Comte de Provence ,
Vaudémont, Blamont, Zutphen , &c. A tous préſens & à venir, SALUT. Comme Nous ayons convoqué les Etats Généraux de nos pays en ce lieu
de Nancy au premier jour de ce mois, & les Etats
des Bailliages de Nancy, Voſge & Allemagne,
Nous aient remontré qu'ils eſtimoient être de beſoin d'établir des coutumes nouvelles, que par
enſemble ils avoient aviſé être grandement néceſſaires pour le ſoulagement & bien public de tous
les Etats deſdits Bailliages ; & les auroient rédigées
en vingt-quatre articles, en la forme qu'elles ſont
ci-devant écrites, nous ſuppliant très-humblement
de les vouloir agréer, approuver & homologuer :
Savoir faiſons, qu'inclinant à leurs prieres très hum-
bles , & ayant vû & examiné leſdits Articles, n'y

trouvant que choſes juſtes & équitables, & pour le plus grand bien de nos Eccléſiaſtiques, Vaſſaux & ſujets deſd. Bailliages; les agréons, approuvons & homologuons de notre puiſſance & autorité ſouveraine : Et voulons que dorénavant, comme générales en chacun deſdits Bailliages, & nonobſtant toutes autres générales ou particulieres que ſur ce on pourroit prétendre avoir été tenues & obſervées, ou y être du contraire, elles ſoient ſuivies & obſervées comme celles que de tout tems ſont reconnues pour anciennes Coutumes, & hors de difficulté; ſans qu'il ſoit loiſible aux parties, ſur les faits & cas y articulés, d'en propoſer, déduire ni articuler d'autres contraires; car ainſi nous plaît. En témoin de quoi nous avons ſigné ces préſentes de notre propre main, & à icelles fait mettre & appendre notre Séel. Données en notre ville de Nancy, le dix-ſeptiéme jour du mois de Mars 1594.

Ainſi ſigné · CHARLES. *Et plus has.* Par Monſeigneur le Duc, &c.

Le ſieur Comte de Salm, Maréchal de Lorraine, & Gouverneur de Nancy; de Hauſſonville, Maréchal de Barrois, & Gouverneur de Verdun; de Baſſompierre, Grand-Maître d'Hôtel, Chef des Finances; de Lénoncourt Sénéchal de Lorraine; de Melay Gouverneur de la Mothe; de Muilhane, Gouverneur de Toul; de Lénoncourt, Prieur de Lay; Maimbourg, Maître aux Requêtes ordinaire; Remy, Procureur-Général de Lorraine; & Bardin, auſſi Maître aux Requêtes, préſens.

M. Bouvet.

Regiſtrata, L. Henry. Ecrites ſur parchemin velin en trois feuillets; ſcellées du grand Scel de Son Alteſſe ſur cire rouge à lacs de ſoie noire & jaune pendans.

LETTRES-PATENTES

DE SON ALTESSE,

Du dernier Mars 1599,

Touchant l'interprétation de quatre Articles des Coutumes de Lorraine, faite à la postulation des États tenues à Nancy le 15 de Mars dite année ; & de son Ordonnance, imprimée & adjointe au volume écrit desdites Coutumes & Formalités.

CHARLES, par la grace de Dieu, Duc de Calabre, Lorraine, Bar, Gueldres, Marchis, Marquis de Pont-à-Mousson, Comte de Provence, Vaudémont, Blamont, Zutphen, &c. A tous qui ces présentes verront, SALUT. En l'assemblée des États-Généraux de nos pays, convoqués en ce lieu au quinzieme de ce mois, entr'autres remontrances à Nous y faites, ceux du Duché de Lorraine és Bailliages de Nancy, Vosge & Allemagne, nous ont fait entendre, que pour couper chemin à plusieurs difficultés qui pourroient naître de l'interprétation diverse que chacun, à son intention, œuvre & profit, & contre la vraie nôtre & leur, s'étudieroit à donner aux articles premier du titre *de Communauté de Biens entre gens mariés, & leurs enfans,* deuxieme en nombre du cahier des Coutumes, stile & formalités écrites desdits Bailliages ; en ce que sous la généralité de la clause y attribuant les meubles, & choses réputées meubles au survivant ; ceux qui sont de sujétion main-mortable, ou autre pareille condition servile, pourroient, au péjudice des Seigneurs fondés esdits droits, la tirer

à l'exemption de leur fervitude. Aux dix-feptieme
du titre quinzieme *des Bois, Forêts, Rivieres,*
&c. en ce que le réglement des Bois y étant attri-
bué feulement au Haut Jufticier entre fes fujets;
plufieurs qui ont des voués, ou autre comparçon-
niers efdits bois, foit en amendes, en confifcations
y échéantes, ou autrement, fans partoutefois en
ladite Haute Juftice, pourroient de-là prendre argument de donner feuls les réglemens, lefdits com-
parçonniers non y appellés, & peut-être à leur dommage & préjudice. Au premier du titre *des plaintes*
efdites formalités, où il eft dit : que le choix fera
au plaignant de former fa plainte, ou par devant le
Seigneur Haut-Jufticier des Juges qui l'auront grévé,
ou pardevant le Bailli, & ceux de la Nobleffe, en
ce que quelques-uns de nos Vaffaux ayant le droit
& l'autorité de vuider en leurs Buffets les appellations des Sentences rendues par leurs Juftices; on
pourroit de-la prétendre qu'ils en fuffent réfor-
mables par l'un ou l'autre defdits deux moyens, au
préjudice de leurfdits droit & autorités, n'ayant
jamais ainfi été fait ni pratiqué. Encore au premier
du titre *des prefcriptions,* au cahier des Coutumes
nouvelles; où étant dit, qu'on ne peut prefcrire
contre l'Eglife, à moins de quarante ans; plufieurs
de ceux qui aiment à plaider, pourroient en arguer,
que doncques le droit de dîmer par ledit tems de
quarante ans, fe pourroit prefcrire, contre la difpofition des faints décrets & Canons; il étoit requis
& expédient y pourvoir & donner éclairciffement :
& à ces fins, y ayant en cette affemblée avifé,
avoient trouvé expédient que lefdits articles foient
interprétés & éclaircis en cette forte: favoir ledit
premier article *du titre de Communauté de biens*
entre gens mariés, qu'il n'a été entendu pouvoir ni
devoir être par icelui préjudicié à ceux qui contre
                                               l'attribution

l'attribution des meubles au furvivant des deux conjoints, font fondés en droit contraire de main-morte,
ou autre telle femblable fervitude fur aucuns de
leurs fujets. Celui qui touche au réglement defdits
bois, n'avoir auffi été entendu qu'il puiffe être préjudicié à ceux qui avec le Haut-Jufticier, fe trouveroient avoir droit de Jurifdiction, ou de fimple
propriété, profits & émolumens ès bois à régler fur
les fimples ufages; & entant que befoin foit, en y
ajoutant, a été arrêté que lefdits ayans les droits fuf-
dits de Jurifdiction, ou fimple propriété, profits
& émolumens, devront être pour leurs intérêts appellés à faire donner ledit réglement. Semblablement n'avoir été entendu par ledit *Article premier
des plaintes*, la connoiffance en avoir été auxdits
Sieurs de la Nobleffe attribuée fur autre, plus avant
que fur ceux defquels ils ont médiatement ou immédiatement la connoiffance des appellations au droit
de notre Hôtel, demeurantes les chofes comme auparavant pour ce qui touche celles qui fe vuident
efdits buffets. Et que par ledit article defdites Coutumes nouvelles touchant lefdites prefcriptions contre
les Eccléfiaftiques, il n'a été auffi entendu icelui
devoir être étendu plus avant que fur les chofes qui
font de droit prefcriptibles, non fur le droit de
dîmer, qui eft imprefcriptible, ni autrement. Savoir faifons, que le tout defdites remontrances con-
fideré, & eû fur ce l'avis des gens de notre Confeil;
Nous avons lefdites déclarations, interprétations,
adjonctions & éclairciffemens, loué, approuvé,
louons & approuvons, voulons & Nous plaît, qu'à
l'occurrence des faits y rapportés, elles foient fuivies
tant en Jugement que dehors, & fuivant icelles lefdits articles être pratiqués, entendus & interpretés,
tant pour les Juges defdits Bailliages fupérieurs ou
inférieurs, que tous autres qu'il écherra. Si man-

I

dons à tous nos Baillifs, Prévôts, Maires ou leurs
Lieutenans, & à tous autres Juges de nos pays
esdits Bailliages de Nancy, Vosge & Allemagne,
qu'échéante difficulté sur aucunes des choses avant
dites, ou autrement, souffrant occurrence de les
mettre en pratique, ils suivent cette notre présente
Déclaration, & esdits cas se conforment en tout
& par-tout conformément à icelle par raison. Et
pource qu'à plusieurs pourra être de besoin en avoir
enseignement un ou plusieurs : voulons qu'au *vidimus* des présentes foi soit ajoutée comme à l'O-
riginal, & ainsi nous plaît. En témoin de quoi
Nous avons signé cettes de notre main, & à icelles
fait mettre & appendre notre grand Scel. Données
en notre Ville de Nancy le dernier jour de Mars
mil cinq cens quatre-vingt dix neuf.

Ainsi signé, CHARLES. *Et plus bas.* Par Son
Altesse.

*Les Sieurs Comte de Salm, Maréchal de Lor-
raine, & Gouverneur de Nancy; de Mailhane,
Bailly & sur-Intendant de l'Evêché de Metz; de
Lénoncourt Prieur de Lay; de Mondreville; Maimbourg & Bardin, Maître des Requêtes ordinaires,
présens. Et pour Secretaire,*

M. Bouvet.

RECUEIL

Du Stile à obferver ès Inftructions des Procédures d'Aflifes, ès Bailliages de Nancy, Vofge & Allemagne, avec le Réglement pour le falaire des Juges, Procureurs, & autres Miniftres de Juftice.

PLUS l'Ordonnance de SON ALTESSE, fur l'homologation, tant des Coutumes anciennes & nouvelles, que defdits Stile & Réglement, avec défenfe de n'ufer d'autres Exemplaires que de ceux qu'elle a permis être imprimés, nouvellement revus & corrigés.

TITRE PREMIER.

De la qualité des Juges, & matieres traitables pardevant eux.

ARTICLE PREMIER.

Les Affifes de Nancy & de Vofge fe tiennent de quatre femaines à autres, fi pour quelque occafion occurrente elles ne font continuées : & commencent dès le lundi après midi par l'ouverture du livre du regiftre des caufes; autrement font pour cette fois différées & remifes. Celles du Bailliage d'Allemagne, de deux mois à autre.

I ij

Art. II. L'ouverture du livre ès Affifes de Nancy fe fait par le Bailly, avec fix Gentilshommes de l'ancienne Chevalerie, & y eft paffé outre aux ajournemens, proclamations & autres termes de Juftice; mais ne s'y peut rendre Jugement que par le nombre d'onze, le Bailly non y compris, lequel fort après y avoir commis Echevin l'un d'iceux, tel que bon lui femble, pour recueillir les voix & fuffrages, & lui faire rapport de fon Echevinage; fauf ès recors où ledit Bailly affifte, & fait le rapport.

Art. III. En celles de Vofge, l'ouverture du livre fe fait par le Bailly, avec deux Gentilshommes pour le moins, & y eft procédé aux ajournemens, proclamations, & autres termes de Juftice; mais ne s'y rend Jugement que par le nombre de fept, le Bailly non y compris, pour ce qu'il n'y affifte; & ce fous la modification ci-devant dite pour le Bailliage de Nancy.

Art. IV. Au Bailliage d'Allemagne, les mêmes formalités font gardées; fauf que les Prélats, encore qu'ils ne foient Gentilshommes, entrent aux affifes avec lefdits Gentilshommes, & que le Bailly ne foit point d'icelles, ains fe trouve préfent ès Jugemens qui s'y rendent; y ayant voix délibérative, & faifant le feptieme; & s'y pourra faire ouverture du livre en préfence dudit Bailly, & de trois, tant Prélats que Gentilshommes.

Art. V. Ès Affifes de Nancy & de Vofge, fe plaident & déterminent les actions qui s'intentent au pétitoire, pour Fiefs, arriere fiefs, Châteaux, Maifons fortes, rentes, revenus & droits Seigneuriaux, pour francs-alœuds nobles enclavés efdits Bailliages, pour villes ou villages, droits de patronage lay, & pour toutes autres chofes de pareille nature & condition; & ce entre le Prince & fes Vaffaux; de Vaffaux à autres, & entre tous autres capables

de contendre les chofes fufdites. En celles d'Allemagne, non feulement fe connoît defdites actions
pétitoires, mais auffi des poffeffoires & perfonnelles; & en celle de Vofge, dudit poffeffoire auffi,
felon qu'il eft porté ci-après au ftile de leurs Affifes
dudit lieu.

ART. VI. En toutes lefdites Affifes, préfident
les Baillifs pendant la déduction des caufes; ordonnent fur féance en icelles, du confentement des
parties, & même fans leur confentement, & d'autorité abfolue, fi faire le veulent, mais une fois
feulement; préfigent les délais d'affein & d'enquête,
& tous autres, établiffent Commiffaires à recevoir
lefdits affeins & enquêtes, taxer les dépens, liquider
levées, & font & ordonnent toutes autres chofes
concernantes l'inftruction des procès.

ART. VII. Lefdits Gentilshommes de l'ancienne
Chevalerie ès Affifes de Nancy, jugent fouverainement; fans que l'on puiffe contre leur Jugement
former plainte, appel, propofition d'erreur, Requête civile, évocation, ou autre moyen, quel il
foit, tendant à révifion de procès.

ART. VIII. Il y a appellation defdites Affifes de
Vofge à celles de Nancy en action pétitoire; &
defdites Affifes d'Allemagne auxdites Affifes de
Nancy, en action pétitoire & poffeffoire.

ART. IX. Sont auffi lefdits Juges d'affifes les
interprêtes de leurs fentences & Jugemens, comme
auffi des formalités & ftiles.

ART. X. Après que l'Echevin en la caufe, a
rapporté le Jugement au Bailly qui préfide, & icelui
entendu, ledit Bailly ordonne qu'il foit écrit au
Greffe, felon qu'il fera dicté par ledit Echevin;
puis le Greffier le lit hautement, pour procéder
fuivant icelui, felon qu'il échet.

ART. XI. Que s'il avient qu'en la délibération

I iij

defdits Jugemens, trois defdits Juges fe trouvent
d'opinion contraire aux autres, la décifion pour
cette fois en eft remife à une autre, & rapporte
ledit Echevin qu'il y a débat, ce qui peut être fait
jufqu'à deux fois ; à la troifieme, la caufe doit être
décidée, à la pluralité de voix, fans plus longue
remife ; & encore fans tel débat ou contrariété, peut
ledit Echevin, une fois en trois, de fon autorité différer fon jugement, fi bon lui femble ; ce qu'on
dit en terme commun, *reftraindre fon Echevinage.*

ART. XII. Toutes perfonnes venantes auxdites
affifes, y féjournantes, ou en retournantes, font
en franchife & affurance ; & ne peuvent être arrêtés, ni leurs chevaux & hardes, pour chofes civiles,
quand bien elles feroient obligées à prife de corps ;
fi ce n'eft pour les dépens qu'elles auront fait en ce
voyage.

TITRE II.
Des Ajournemens.

ARTICLE PREMIER

LES ajournemens doivent être requis & ordonnés
en corps d'affifes ; & pour commencer l'action,
doit le défendeur être appellé par deux ajournemens
requis, à deux divers Siéges defdites affifes, avant
que l'ajourné foit tenu comparoître, bien que le
demandeur doive fournir fa demande au premier
ajournement ; à laquelle toutefois n'eft tenu le défendeur répondre jufques audit deuxieme.

ART. II. Se font les ajournemens à SON AL-
TESSE par un Gentilhomme, en la perfonne de fon
Procureur-Général : & aux Gentilshommes, par
autres Gentilshommes.

Art. III. Aux Prélats, Colleges & Chapitres par Prélats, ou personnes Ecclésiastiques; & aux autres Ecclésiastiques, par Ecclésiastiques; aux Nobles, par Nobles; aux villes, Communauté, Francs, Officiers & Roturiers, par un Sergent du Bailliage, tous à ce commis & députés par le Bailly étant au Siége; & en l'absence des personnes qu'il faut ajourner, à leur majeur, principal Officier, ou tenementier de la chose contentieuse, résidant au Bailliage; qui seront tenus d'en avertir leur Seigneur & Maître; & sera le commis à faire l'ajournement, tenu d'en faire relation par écrit au Bailly, ou au Greffe des assises.

Art. IV. Et ne doivent lesdits ajournemens être faits ès Maisons de Sadite Altesse, ni en autres où elle soit lors actuellement résidante, non plus qu'en celle où se tient le Siége desdites assises, & ce à peine de nullité: même doit être faite la relation de l'intimation d'iceux, au Bailly, ou au Greffe, par lettre ou rapport verbal desdits commis.

Art. V. Si lesdits ajournemens ordonnés ne se trouvent à l'assise suivante avoir été faits, ou pour l'empêchement des commis, ou à faute d'avoir été iceux sollicités, ils sont continués aux autres assises suivantes; & est dit que ce qui n'est fait, se fera, & ce sans peine ou danger aucun au demandeur. Si toutefois le commis est ou dilayant, ou négligent de s'acquiter de sa charge, & le demandeur à cette occasion requiert un autre y être subrogé, le Bailly le peut faire de son autorité, & même dès la premiere fois.

Art. VI. S'il avient que celui ou ceux qu'il faut ajourner, soient résidans hors Bailliage, & n'y aient aucun Officier, locataire ni tenementier de biens à eux y appartenans; alors le Bailly doit décerner commission par écrit, portant clause rogatoire

I iv

de *pareatis* aux Juges de la Province où réfide celui qui vient à ajourner, afin qu'il permette les ajournemens lui être faits.

Art. VII. Et pour ce qu'avenant quelquefois pendant le procès mutation de perfonne par mort, vendage, ou ceffion, il eft befoin fubroger les ceffionnaires au droit de ceux qui ont vendu ou cédé, & reprendre le procès par ajournemens nouveaux en la perfonne d'iceux; comme auffi des héritiers des décédés, & qu'un demandeur pourroit dilayer la pourfuite de fa caufe au préjudice defdits héritiers ou ceffionnaires; en ce cas, & combien qu'iceux, pour n'avoir été appellés à fa Requête en réfomption de procès, ne foient encore en caufe; fi eft-ce que s'ils ont intérêt à ce qu'elle foit pourfuivie, ils font recevables à en faire remontrance, & obtenir contre ledit demandeur, qu'il foit contraint de la pourfuivre, ou bien qu'elle foit mife hors du Rôle.

Art. VIII. Les ajournemens pour fait de garantie, ou en reprifes de procès, fe font par lettres, qui s'expédient au Greffe, ouvertes, & néanmoins cachetées en placart du Sceau du Bailly, ou fignées par le Greffier defdites affifes.

Art. IX. A faute d'avoir fourni par le demandeur fa demande au premier ajournement, peut le défendeur requerir d'être renvoyé de l'inftance, & que l'ajournement qui lui a été fait, foit rayé.

TITRE III.
Des Défauts & Contumaces.
ARTICLE PREMIER.

SI après deux ajournemens, l'intimé ne compare, le demandeur obtient premier défaut, qui lui portera profit de forclufion contre ledit intimé, des

fins déclinatoires, comme d'incompétence de Juges
& de renvoy, fi aucunes il avoit à en propofer. Et
fi duement fur ce réajourné, il tombe en fecond
défaut, il déchet des dilatoires, comme de non re-
pondre, non recevoir, & de litifpendance.

Art. II. Si derechef appellé, il continue de
non comparoir, & encourt le troifiéme défaut, il
perd fa caufe; & eft au demandeur, en haine de
cette contumace, adjugée la chofe par lui demandée.

Art. III. Toutefois étant ledit intimé réajourné
pour la quatrieme fois d'abondant, s'il a quelques
moyens d'arguer lefdits défauts de nullité, comme
pour avoir été les ajournemens fur lefquels ils font
donnés, précipités, ou autrement mal & induement
obtenus ou fignifiés; il eft reçu à les propofer, &
lui eft fur ce fait droit tel, que fi aucun defdits défauts fe trouve mal obtenu ou exploité, ladite prétendue contumace demeure fans effet, & lui admis
à procéder ou plaider, tout de même qu'il eût pû
faire auparavant; & ce d'autant que tel quatrieme
ajournement ne fe donne pour rendre ladite contumace complete & abfolue, ains feulement pour
favoir fi le contumacé a quelque moyen d'impugner
& débatre lefdits trois défauts, ou aucun d'iceux;
à faute de quoi faire il demeure exclu de toutes
exceptions & défenfes pour l'égard du principal
porté en la demande; & quant eft des levées &
intérêts (ores qu'ils foient demandés par fomme ou
quantité certaine) ils demeurent néanmoins à la
liquidation du Bailly, ou de ceux qu'il commet à
ce faire.

Art. IV. Défauts encourus depuis conteftation
en caufe, foit par le demandeur ou par le défendeur, n'apportent aucun avantage à l'une ou à l'autre
des parties, s'ils n'ont été obtenus jufques à trois,

portans contumace incluse, hormis les dépens
d'iceux, qui se taxent sur le champ, comme préjudiciaux.

ART. V. Si l'intimé compare à la premiere
fois, & il découvre que la chose pour laquelle il
est appellé auxdites assises, ne soit de qualité requise pour être traitée, ou que la demande contre
lui dressée ne soit certaine, bien libellée, & dé-
clarative de la chose que le demandeur requiert
par icelle, ou autrement soit en quelqu'une de ses
parties défectueuse; y ait pour icelle litispendance
entre le demandeur & lui, ou autres tels moyens
de fins déclinatoires & de renvoy, ou dilatoires &
de non-répondre, peut les proposer; & s'il y obtient à tels moyens, ne perd pour ce ledit demandeur son action, ains l'instance seulement. Et lui
est loisible d'inventer de nouveau sadite action, &
faire ajourner sa partie, ou pardevant autre Juge
qui soit compétent, ou bien esdites assises, s'il y échet,
& ce pour une fois seulement, & en refondant préalablement à sadite partie les dépens de ladite instance, dont elle auroit été renvoyée.

TITRE IV.

Des jours d'Avis & d'Assein.

ARTICLE PREMIER.

S'IL ne propose aucunes telles fins, ou les ayant
proposées, s'y trouve mal fondé, & en est débouté;
alors il prend jour d'avis, qui porte contestation en
cause; puis demande assein, pour lequel recevoir,
sont par le Bailly (si c'est ès assises de Nancy & d'Allemagne) députés à l'instant commissaires. le Greffier desdites Assises, & un autre Officier de Justice

ou un Tabellion, tel que bon lui femblera nommer;
& fi c'eft en celle de Vofge, les Commiffaires ordinaires, qui font fon Lieutenant, & le Greffier
d'icelles affifes, le tout pourvu qu'il n'y ait jufte
caufe de récufation; auquel cas ledit Bailly en com-
mettra d'autres non fufpects en leur lieu. Et en toutes fe préfige fur le champ délay, pour dans icelui
livrer & recevoir ledit affein, & en dreffer procès-
verbal, qui doit être dicté & lu aux parties, ou à
leurs Procureurs en leur abfence, & ce fur les lieux
contentieux, cas que commodément fe peut faire,
finon en celui de leur proche retraite, puis figné
par lefdits Commiffaires.

ART. II. Dans lequel délai eft le demandeur tenu
de faire ledit affein, s'il ne furvient quelque défaut
de la part defdits Commiffaires, ou bien qu'il y ait
autre exoine légitime & raifonnable; & auffi tellement le faire (partie duement fignifiée) qu'il ne
doive être jugé mal fait, ou pour avoir été plus affigné par icelui, qu'il n'auroit été requis par la
demande, & autrement fait chofe contraire au contenu en icelle; ou pour n'avoir déclaré & rapporté
ledit affein à ladite demande; ou qu'étant fait fur
plufieurs & divers droits, ou chofes particulieres,
il fe trouve n'être fait fur toutes les piéces portées
en icelle demande : car où il n'auroit été du tout
fait, ou que ce ne feroit dans le tems prefcrit pour
le faire, ou qu'il fe trouveroit autrement mal fait
comme deffus, ledit demandeur feroit condamné
de l'inftance & aux dépens : & fauf à lui, après
avoir refondé iceux dépens, de recommencer fon
action, pourvu toutefois qu'elle ne fût cependant
prefcrite.

ART. III. Si toutefois le demandeur requiert par
fa demande, un droit univerfel de fucceffion, ou
bien quelque piece avec fes dépendances; il fuffit,

au premier cas, qu'en faisant son assein, il assigne, ou sur la maison, si aucune y en a, ou sur une des pieces principales de ladite succession, en déclarant qu'il suit généralement sur les autres & sur les dépendances d'icelles. Au second, qu'il fasse semblablement assein sur une des principales pieces, déclarant qu'il suit sur toutes les autres dénommées en sa demande, avec leurs dépendances, & au contenu d'icelles.

Art. IV. Et s'il avient que pour l'empêchement des Commissaires, ou autre exoine légitime, l'assein ne soit fait dedans le tems prescrit, en doit le demandeur faire remontrance en l'assise à laquelle écherra la fin de son délai, ou bien à la prochaine qui se tiendra, & obtenir nouveau délai pendant le Siége d'icelle, soit quand la cause s'appellera, ou autrement.

Art. V. L'assein fait & reçu par les Commissaires, est ouvert en l'assise prochaine, & communiqué aux parties, pour en revenir à l'autre suivante, & procéder sur icelui, tant par fins de nullités, à cause des solemnités, non y observées, que pour être défectueux en la désignation des choses contentieuses, tenans & aboutissans, & autres circonstances d'icelles.

TITRE V.

Des Garants.

ARTICLE PREMIER.

APRÈS le terme d'assein, vient celui de Garant, lequel le défendeur doit demander en l'assise, pour à la prochaine immédiatement suivant, le nommer; puis le faire ajourner par lettres, qu'il levera au Greffe de ladite affife, à la deuxieme fubfequente. Et lefquelles lettres feront ouvertes & cachetées en placart du Sceau du Bailly, ou fignées par le Greffier de ladite affife, & délivrées audit garant; ou en fon abfence, à domicile, ou bien à l'un des principaux Officiers, & fix femaines avant ladite deuxieme affife. Et s'en fera la délivrance & tradition par un Sergent du Bailliage; ou à faute d'icelui, par un Tabellion, en préfence de deux témoins, qui feront tenus d'en faire leur rélation contenant le nom de la perfonne, les jour, an & lieux auxquels ladite délivrance en aura été par eux faite.

Art. II. Si toutefois ledit défendeur, qui en cette pourfuite de garant fe rend demandeur, eft dilayant de faire ajourner les prétendus garants, lui eft par le Bailly donné délay certain & compétent pour ce faire, ce requérant le demandeur originel. Et où n'y feroit fatisfait, à la faute du commis à faire l'ajournement, & non de la partie, en fera par ledit Bailly commis un autre.

Art. III. Si le garant ainfi appellé, compare & accepte la garantie, ou bien en cas de refus y eft condamné, il en peut fommer un autre à arriere-garant, fi bon lui femble; & à ces fins le faire appeller en la même forte, que dit a été pour le garant. Que fi lefdits garants ou arriere-garants, ainfi appellés & ajournés, défaillent de comparoir par trois fois, ils font pour le profit de cette contumace, refpectivement condamnés à prendre lefdites garanties & arriere garanties, & mettre hors de Cour celui qui les y aura fait appeller.

Art. IV. Si le garant prétendu eft demeurant hors le Bailliage (néanmoins fous même fouveraineté,) & ajourné par commiffion & claufe requifitoire, il tombe en contumace; doit le profit d'icelle être exécutée au profit du demandeur en garantie, de l'Ordonnance du Juge de la cause principale, moyennant commission rogatoire au Juge ordinaire du contumacé.

ART. V. S'il est d'autre Souveraineté, & il ne compare au premier ou second ajournement, pour le déni qui fait aura été du *pareatis;* sera au poursuivant donné délai certain & compétent, à arbitrer par les Juges, pour l'aller poursuivre pardevant son Juge ordinaire. Et icelui passé, s'il a fait devoir, & il en fait apparoir duement, sera en l'arbitrage desdits Juges de lui proroger ledit terme de garant; s'ils trouvent que faire le doivent.

ART. VI. Si le *pareatis* s'octroye, est ledit défendeur reçu à poursuivre sondit prétendu garant ainsi ajourné, jusqu'à contumace, laquelle encourue, lui est donné délay pour poursuivre l'exécution du profit d'icelle, ou autrement procéder contre la contumace, ainsi qu'il trouvera bon à faire. Et cependant sera contraint de passer outre avec son demandeur originel, sauf son recours comme dessus.

ART. VII. S'il avient que tel demandeur en garantie soit débouté d'icelle; & n'ait moyen d'y attirer son prétendu garant, il doit ou ceder à la cause, ou sans autre ajournement s'offrir de se garantir soi-même, & défendre de son chef. En quoi faisant, ne lui peut être objecté que pour avoir demandé garant, & ne l'avoir amené, il ait par ce tacitement confessé les faits du demandeur, ou autrement fait choses préjudiciables à la défense de sa cause.

ART. VIII. Et doit celui qui prétend tel garant, soigneusement observer de n'obmettre à requérir & poursuivre tous autres termes dilatoires, précédans celui du garant, soit d'avis, d'assein ou autre semblable; même les ayant requis, n'y doit renoncer, (que l'on dit communément *refraindre*,) sans le consentement de celui qu'il prétend attirer à garant. Autrement seroit icelui bien fondé, à cause de telle omission, de refuser la garantie.

ART. IX. Quand il y aura plusieurs garants ajournés pour un même fait, qui comparoîtront & défendront alternativement, peut-être à intention de retarder la cause; sera le non-comparant, au deuxieme défaut duement contre lui obtenu, condamné à prendre la garantie à laquelle il est appellé.

ART. X. Aux fins de quoi sera chacun garant ou arriere-garant ajourné par lettres s'adressantes particuliérement à lui, & non à tous en général.

TITRE VI.

De la Contestation au principal.

ARTICLE PREMIER.

Tous ces termes passés & courus, soit que le défendeur originel demeure en cause, soit qu'il ait fourni de garant; lors doivent les parties plaider au principal, si ce n'est qu'ayant titres à produire, elles accordent de se les entre-communiquer, pour en revenir à la prochaine ou autre telle assise dont elles conviendront, & à laquelle elles sont tenues plaider de part & d'autre verbalement, & par un seul plaidoyé, & ce fait, conclure en droit : étant de là en avant forcloses de toutes propositions de faits nouveaux, & productions de titres, quels ils soient. Au Bailliage d'Allemagne, est loisible de plaidoyer par écrit, suivant l'établissement des assises d'icelui.

Art. II. Les titres une fois produits en leurs originaux, peuvent puis après être retirés du Greffe par le produifant, moyennant copies extraites d'iceux, duement collationnées à leurfdits originaux, parties qui font à appeller, préfentes ou appellées; & valent telles copies comme lefdits originaux.

Art. III. *Vidimus* non viciés, & approuvés par appenfion de Sceau authentique, font foi comme les originaux.

Art. IV. Les plaidoyés & appointemens de droit ouïs, fi les parties fe trouvent contraires en faits, & qu'elles fe foient chacune offerte de faire apparoir des fiens; celle qui fe trouve avoir pofé les plus preignans, eft reçue à fa preuve, fans confidérer qu'elle foit demanderefle ou défenderefle; & peut icelle faire ladite preuve, tant par témoins que titres, tels que bon lui femblera; ores bien qu'elle ne les eut produits en plaidant la caufe, fur laquelle elle aura été appointée à informer de fefdits faits.

Art. V. Et quand bien le défendeur n'auroit autres faits & moyens de défenfe que de nier ceux du demandeur; fi eft toutefois icelui demandeur chargé de la preuve des fiens, & au refte n'eft toujours la preuve déférée qu'à l'une des parties, & jamais à toutes deux.

TITRE VII.
Des Preuves.
ARTICLE PREMIER.

LA Partie qui pour obtenir à fes fins, pofera en plaidant faits fujets à preuve, devra avoir iceux dreffez par intendits en écrit, pour les délivrer au Greffe, fon plaidoyé fini & parachevé.

Art. II.

Art. II. Les faits & intendits étant réglez, font députez Commiffaires à la Partie, chargée de la preuve d'iceux, comme il a été dit pour l'Affein ; fauf qu'il eft loifible aux Parties, foit l'une, ou toutes deux, de demander & avoir du Bailly pour Ajoints, aucun ou aucuns defdits fieurs Juges, fi bon leur femble, tels toutefois, qui ne foient juftement fufpects à l'une ni à l'autre d'icelles.

Art. III. La Partie ayant obtenu jour de fes Commiffaires, pour faire fon Enquête (& lequel devra être certain) eft tenue faire celui duement intimer à fa Partie, à ce qu'elle fe trouve à l'adjurande de fes témoins, fi faire le veut, foit fur la chofe préfente, ou ailleurs où l'Affignation fera donnée, y propofer, dire & protefter ce que bon lui femblera, & dont Procès-verbal devra être dreffé.

Art. IV. L'Enquête reçue, faite & rapportée en Cour, fi celui contre qui elle a été diligencée, a à propofer quelques fins de nullité d'icelle, ou bien de reproches contre les perfonnes des témoins y ouïs, faire le droit avant que confentir à l'ouverture d'icelle, après avoir eu toutefois communication du Procès verbal. Autrement font lefdites fins de nullité & de reproches couvertes, & fauf à lui, après avoir eu l'Enquête en communication, de contredire, les dires & dépofitions des témoins y ouïs. Et n'en pourront lefdits Greffiers refufer copie aux Parties, fi elles la leur demandent, moyennant leur falaire raifonnable.

Art. V. S'il n'y a aucunes telles fins à propofer, font lefdites Enquêtes publiées, & s'en fait lecture hautement ; n'étoit que les Parties s'accordaffent d'en prendre communication au Greffe, avec délay pour en revenir. Et lefquelles néanmoins en pourront tirer dudit Greffe copie à leurs frais, comme

K

deſſus, comme auſſi des Actes de la Cauſe, &
productions y faites.

A<small>RT</small>. VI. Revenantes icelles à la journée, celui
qui prétend impugner ladite preuve d'inſuffiſance,
doit propoſer le premier les Cauſes & Moyens de
ſon intention, & la produiſant, y défendent puis
après.

A<small>RT</small>. VII. Quant aux exécutions des Sentences,
Taux & Liquidations des dépens, & levées adjugées par icelle, elles ſe font par le Bailly, ou de
ſon autorité par gens à ce par lui commis & députez.
Que ſi les Parties tombent en difficulté ſur le réglement d'icelles Exécutions; en ce peut-être que le
condamné maintient qu'il eſt exécuté autrement,
ou plus avant que la Sentence ne doit être entendue
ni s'étendre; le Bailly en ordonne hors leſdites
Aſſiſes; l'avis des ſieurs Juges y aſſemblez, préalablement pris & entendu, pour ce notamment qui
touche la choſe jugée en ſon principal.

A<small>RT</small>. VIII. On plaidera dorénavant à fin des
dépens & frais du tort, & ſe taxeront dépens,
dommages, levées & intérêts, dès le temps de
la demande produite en Cour.

LE STILE DES ASSISES

QUI se tiennent au Bailliage de Vosge pardevant mesdits Sieurs de l'ancienne Chevalerie, & pardevant les Prevôts dudit Bailliage, est conforme à celui des Assises de Nancy, hormis ès Articles concernans le fait des Appellations ci-après déduites.

TITRE VIII.

Des Appellations.

ARTICLE PREMIER.

LES Sentences rendues ès Assises de Vosge & d'Allemagne ne sont sujettes à Appel sur incident non-important le principal de la Cause; mais seulement quand ils sont irréparables en définitive; auquel cas y a appel qui ressortit à celle de Nancy. Et telles sont les Interlocutoires sur la Cause plaidée au principal sur Assein bien ou mal fait, sur preuves & enquêtes, & sur autres tels Appointemens qui portent coup en définitive.

ART. II. L'Appel se doit interjetter tout incontinent après la prononciation de ladite Sentence, & relever au Greffe, soit en Jugement ou dehors, en fournissant six francs, & ce dans quatre semaines, puis à l'Assise suivante, se doit requérir jour pour agréer les Ecritures.

ART. III. La forme de relever & agréer telles Appellations interjettées des Assises de Vosge à celles de Nancy, est que dedans quatre semaines l'Appellant doit fournir deux francs au Greffe,

K ij

outre les fix francs portez en l'article précédent ;
& à l'Affife fuivante requérir jour pour agréer les
Ecritures (comme dit eft) puis à l'autre prochaine
les fournir de part & d'autre, & agréer s'il y
échet : Et au cas que les Parties fe trouveroient
contraires en cet agrément, être icelles réglées en
leur contrariété par le record des Juges, s'ils en
font fouverains ; finon par le ferment que les
Procureurs de la Caufe fe pourront déférer l'un à
l'autre.

Art. IV. L'Appellation ainfi agréée, le Bailly
commet un Echevin pour l'apporter audit Nancy,
& la délivrer au Bailly dudit lieu étant en l'Affife :
Et lequel, ce fait, commet le même Echevin,
ou un autre, pour la faire vuider promptement :
finon elle demeure au Greffe, pour être rapportée
en l'Affife fuivante, & délivrée clofe & fermée,
audit Echevin commis, s'il eft préfent : & où il
feroit abfent, eft loifible au Bailly d'y en commettre
un autre, pour vuidée qu'elle fera, être rapportée aux affifes de Vofge ou d'Allemagne, par le
Gentilhomme qu'il l'aura apporté à celle de Nancy,
ou à tel autre qu'à fon abfence ledit Bailly aura
commis.

Art. V. Outre qu'efdites Affifes de Nancy les
Juges d'icelles connoiffent en premiere inftance
des caufes & matieres ci-devant déclarées ; encore
font-ils Juges en dernier reffort des Appellations
qui font immédiatement interjettées & reçuës des
Siéges des Bailliages & de toutes autres venantes
médiatement des Juftices inférieures ; pour lefquelles vuider, fuffit le nombre de fix avec le Bailly,
lequel opine le premier, & reçoit les voix & fuffrages des autres.

Art. VI. Encore ès Affifes de Nancy (mais en
nombre pareil que celui qui eft requis à juger les

Caufes qui font verbalement audiencées, & y affiftant le Bailly) font-ils Juges des Appellations qui s'interjettent des Jugemens rendus ès Affifes de Vofge fur affeins jugez bien ou mal faits au principal & en définitive : Comme auffi de celles interjettées des Affifes du Bailliage d'Allemagne, fuivant le Réglement fur ce établi à l'érection d'icelle.

Art. VII. Ladite Appellation rapportée en Jugement au lieu fupérieur, l'Appellant eft tenu requérir en la même Affife, que l'Intimé foit ajourné pour voir l'ouverture d'icelle, ce qui lui eft octroyé par le Bailly ; & à ces fins doit lever Lettres d'ajournement du Greffe, portantes Affignation à l'Affife fuivante ; & s'il ne fait devoir de faire lefdites requifes, l'Intimé les peut faire.

Art. VIII. Les autres Appellations venantes des Siéges ordinaires des Bailliages, ou des Juftices inférieures, doivent être vuidées après le Siége defdites Affifes, en l'Hôtel de Monfeigneur, felon l'ordre ou tems auquel elles ont été fournies, & fans aucunes acceptions de perfonnes ; fi ce n'eft que ce foient des Caufes requerantes célérité plus grande que celles qui les précéderont audit ordre ; puis doit être dreffé Rôle par le Greffier des vuidées à chacune Affife, & attaché en l'Auditoire des Caufes ordinaires du Siége de Nancy, à ce que les Parties en foient tant mieux averties & certifiées.

STILE

POUR l'instruction des Procès ès Siéges, tant supérieurs des Bailliages de Nancy, Vosge & Allemagne, qu'inférieures des Prévôtés & Mairies étant ès Districts & Ressorts d'iceux.

TITRE PREMIER.

De la qualité des Juges, & matieres traitables pardevant eux.

ARTICLE PREMIER.

Les Baillis, ou leurs Lieutenans, décernent les Ajournemens ès Siéges ordinaires de leurs Bailliages, soit pour commencer les Procès, soit pour les continuer : donnent les délais de vuë de lieu, d'assein, de garant, de preuve, & autres semblables, concernans l'Instruction des procédures ; font exécuter les Sentences rendues sur icelles ; nomment d'entre les Juges, Commissaires pour recevoir lesdites vues de lieu, assein, enquêtes & preuves, à l'instance du Clerc-juré ; décernent Commissions ; octroyent différent ou dénient les défauts, si ce n'est que les Parties tombantes sur ce en contrariété, soient reçuës à faire connoître par droit de tels octrois ou dénis ; auquel cas y est ordonné par les Juges, de même que sur toutes autres difficultez, dont lesdites Parties s'appointent en droit.

ART. II. Connoissent lesdits Baillis, ou leurs Lieutenans, de l'octroy ou déni des Sauve-gardes requises, & de leur infraction ; pourvoyent au cas des forces publiques & monopolieuses, selon l'exigence du cas.

Art. III. Les cas de force & d'autorité privée seront traitez extraordinairement & sommairement nonobstant les féries & vacance des Fenaisons, Moissons & Vendange. Et si lesdits cas sont attentez ou commis par Gentilshommes nobles, ou autres personnes jurisdiciables au Bailliage, à cause de leur franchise ou privilege ; le spolié en recherchera la radresse : sçavoir au Bailliage de Nancy, pardevant le Bally, ou ses Lieutenans, Maître-Echevin, Echevins & Juges des Siéges d'icelui ; ès Bailliages de Vosge & d'Allemagne, pardevant les Baillis, ou leurs Lieutenans. Si c'est par personnes Roturieres, la connoissance en appartiendra aux gens de la Justice, sous la jurisdiction desquels la chose spoliée se trouvera assise & située, en baillant bonne & suffisante Caution par celui à qui la Provision sera adjugée en ladite Instance, de rendre & restituer la Cause décidée en son principal ; & s'il y échet, ce qu'il aura obtenu au moyen de ladite Provision, & sans préjudice du droit des Parties au plein possessoire, duquel ne pourront juger lesdits Baillis, ni leursdits Lieutenans, ains de ladite Provision seulement ; demeurante la connoissance dudit Possessoire pleinement aux Juges qu'il appartient, conformément au Stile d'un chacun Bailliage.

Art. IV. Que les Procureurs postulans seront tenus par chacun an, à la premiere Audience d'après les Rois, prêter & renouveller leur serment. Et si en la déduction de la Cause, ils prennent terme de Garant, Arriere-garant, ou autrement proposent quelques faits sans instruction de leurs Parties, d'où on puisse tirer présomption de calomnie à l'encontre d'eux ; ils seront aussi tenus en tous les Actes d'icelle, Partie ci requérant, & le Juge trouvant la matiere y être disposée, de prêter le ferment de calomnie ; laquelle apparoiffante, ils en feront mulctez felon la qualité d'icelle, comme auffi les Parties, en tous cas où elles fe trouveront avoir calomnié.

A_{RT}. V. Que les Tabellions, ou autres qui fçauront écrire, & feront employez pour Clercjuré, ne fe devront immifcer à cette Charge qu'ils n'ayent préalablement prêté le ferment ès mains du Seigneur Jufticier du lieu, ou de fon Officier, de bien & duëment s'en acquitter; & étans ainfi inftituez, feront tenus recevoir en Jugement les Ecritures & Productions des Parties, les garder & en rendre compte; même rédiger en écrit les Actes réglans les Procédures y demenées, & moyennant ce, tels Actes ainfi reçûs & paffez, font foi de ce que fait & plaidé aura été efdits Siéges par les Parties; pourvu que par Acte valable & authentique, il paroiffe de l'inftitution defdits Clercs-jurez faite auparavant, & non autrement.

TITRE II.

Des ajourremens, Lettres de Bailli, Demandes, Procurations, fins déclinatoires & dilatoires.

ARTICLE PREMIER.

E_{N} tous les Siéges des Bailliages de Nancy, Vofge & Allemagne, comme auffi des Prévôtez & Mairies des Villes, Bourgs & Villages d'iceux, il n'y aura qu'un Ajournement, foit par écrit ou verbal, & lequel devra être libellé, & déclaratif de l'action; & ce tant ès Actions perfonnelles, poffeffoires, mixtes & réelles, que ès oppofitions, main-levées & récréances; & ne fera plus procédé efdites Actions réelles par conduite, ainfi qu'il fe fouloit faire du paffé.

A_{RT}. II.

Aʀᴛ. II. Lefdits Ajournemens en écrit fe feront par Lettres ouvertes, & cachetées en placard du Scel du Bailly, ou de fon Lieutenant. Seront libellées, & contiendront fommairement la demande de l'Impétrant, caufes & moyens d'icelle, à ce d'en revenir prêt à défendre par le Défendeur au jour de l'Affignation, qui ne devra être plus bref que de huitaine : Et fera d'abondant certain, & défigné par fa date en cette forte : *Au Mardy ou Jeudy tantiéme d'un tel mois.* Et pourra l'Impétrant les délivrer lui-même à fa Partie, ou bien les lui faire délivrer par un Sergent, fi bon lui femble. Seront lefdites Lettres conçues en Aꞔion poffef-foire, en telle & femblable maniere.

A..... Bailly de Nancy, ou B..... Lieutenant, à vous .... Salut. De la part de D..... demeurant à......, Nous a été dit & remontré, que combien à bons & juftes titres à dire & déclarer en temps & lieu, il foit poffeffeur, &c. ce néanmoins depuis an & jour en çà, vous vous êtes ingéré de vous y inftruire, faifant ou ayant fait faire, au préju-dice de fes droits de poffeffion & jouiffance, tel acte de trouble, &c. Requerant que le tout foit déclaré avoir été par vous fait & attenté induëment & de nouvel; & que pour réparation de ce, vous foyez condamné à le tenir pour nul, le réparer, & mettre en fon priftin état & dû, avec dépens, &c. Et pour à ce vous voir condamner, ou dire les caufes pourquoi faire ne fe doivent, vous foyez ajourné au premier Jeudy plaidable après la Saint-Martin prochaine, qui fera le ..... jour du mois de Novembre : par quoi vous mandons & ordonnons qu'ayez auxdites fins à comparoir pardevant Nous & les Maître - Echevin & Echevins de Nancy, Lunéville, &c. ou autrement fur ce dire & propo-

L

fer telles autres fins pertinentes que verrez bon à faire.

ART. III. Et s'il avient difpute entre l'Impétrant & l'Ajourné fur le temps de la délivrance defdites Lettres , ou en quelqu'autre maniere , elle fe vuidera par ferment déféré de partie à autre , ou autre moyen légitime.

ART. IV. Pour le regard des Significations & Ajournemens qui fe font à autre fin que de la production de la demande ; fuffit qu'il y ait un jour entier d'intervalle entre celui auquel ils fe feront, & celui auquel écherra l'Affignation, & n'y en pourra avoir moins encore que celui qui eft fignifié ou ajourné, réfide au lieu même de l'Affignation, ou en autre non gueres éloigné d'icelui ; car où il feroit de quelque plus longue diftance, conviendra , proportionnément à icelle, & eû égard à la faifon , proroger le temps de ladite Affignation ; de forte qu'outre celui qui fera befoin pour s'acheminer à icelle , il y refte un jour entier, ou pour fe préparer de réponfe (comme deffus) ou bien pour fe faire exoiner, s'il y échet ; autrement feroit ladite Affignation précipitée , & à ce moyen déclarée nulle.

ART. V. Ladite Partie affignée eft tenue rapporter , au jour de l'Affignation , ladite Lettre d'Ajournement, pour fervir à l'Impétrant de demande ; & avenant qu'elle ne la rapporte, eft loifible audit Impétrant de préfenter la Copie ou la minute d'icelle, qui fera reçue au lieu de l'Original, fans moyens au Défendeur de former fur ce aucun incident, & dire qu'elle n'eft conforme audit original : N'étoit que pour n'avoir été l'Ajournement fait compétemment, & pour être conféquemment le défaut mal obtenu, ou bien pour quelques autres raifonnables confidérations, les Juges trouvaffent

ledit Défendeur recevable à former ledit incident;
& s'en devra faire l'enregiſtrement de cette ſorte :

C...... *demeurant, &c. ayant fait aſſigner à
cejourd'hui, ou (ſi l'Aſſignation premiere a été*
con:inuée) *à un tel jour revenant au préſent p ir
continuation a ledit* D.... *aſſigné, comparant en
perſonne, ou par* A.... *ſon Procureur ad acta,
ou ſi c'eſt par Procuration, fondé de Procuration
rapporté la lettre de l'Ajournement; laquelle ayant
ledit Demandeur comparant, &c. employé pour
demande, contient que combien, &c.*

Aʀᴛ. VI. S'il eſt queſtion de donner Lettres de
Juſtice à Prélats & perſonnes Eccléſiaſtiques, ou à
Gentilshommes, il ſuffit de les délivrer à leurs
perſonnes; & en leur abſence à leur Majeur, ou
à l'un de leurs principaux Officiers, ſous la charge
deſquels ſera la choſe contentieuſe. Si c'eſt à un
Collége, Chapitre, Communauté de Ville, Con-
frairie, Compagnie de Métiers, ou autres telles
Communautez, il ſuffit de les délivrer au Chef,
Doyen, Prévôt, Syndics, Commis de Ville;
Maîtres ou Supérieurs deſdites Confrairies, Com-
pagnies & Communautez; & ſi elles ne peuvent
être délivrées aux perſonnes ſus-nommées, ſeront
attachées à la porte de leur domicile, en préſence
de deux Recors.

Aʀᴛ. VII. Si l'Ajournement eſt requis & ordonné
valablement contre pluſieurs particuliers, il doit
être notifié à chacun d'iceux par le Sergent qui en
fera la notification.

Aʀᴛ. VIII. Le domicile eſt cenſé être où la perſonne a fait ſa réſidence, & a eu feu & lieu par an
& jour : mais s'il avient qu'elle ait pluſieurs Maiſons, & faſſe ſa demeurance en chacune d'icelles
par divers temps de l'année, ſon domicile eſt tenu
être en celle où il habite le plus communément.

L ij

ART. IX. Sergens ne doivent faire Exploits
fans commiſſion expreſſe, verbale ou par écrit des
Bailly, Prévôt, Maire, ou leurs Lieutenans ; ou
en leur abſence, d'un autre membre de Juſtice les
repréſentant, & ce à peine de nullité eſdits Exploits, & d'en être punis comme d'abus ſelon la
qualité d'icelui ; & doivent leſdits Sergens non-
ſeulement mettre en la relation de leurs Exploits,
le jour d'icelui, mais auſſi déclarer à la perſonne
de qui ont fait l'Ajournement ou ſignification de
leurdit Exploit, & la réponſe qui leur aura été ſur
ce faite.

ART. X. Procureurs poſtulans ne ſont tenus
recevoir ajournemens, ſignifications ou intimations
pour leurs Parties (ſi bon ne leur ſemble) n'étoit
qu'elles euſſent élu chez eux leur domicile.

ART. XI. Ès Juſtices inférieures, tels Ajournemens ſe décernent peu ſouvent par écrit. S'il avient
toutefois que les Juges l'octroyent ainſi, Partie ce
requérante, y devra être ſuivie la même forme
qu'au Bailliage.

ART. XII. Si le Demandeur compare par Procureur, devra ledit Procureur exhiber ſa Procuration quant & la demande, afin de voir ſi elle eſt
en forme duë ; ou s'il eſt conſtitué au Regiſtre,
le noter au-deſſous de la demande ; enſemble le
jour auquel il aura été conſtitué, à ce de ſervir aux
actes de la Cauſe ; le tout à peine d'être ladite
demande rejettée.

ART. XIII. Si le Demandeur eſt réſidant hors le
Bailliage, il ſera tenu de donner Caution ſuffiſante,
ſujette & reſſéante en icelui, & y élire domicile,
avant que d'être reçu à procéder en la Cauſe. Où
toutefois il n'auroit moyen de ce faire promptement,
ne laiſſera d'y être paſſé outre pour ce coup, à la
charge néanmoins d'y ſatisfaire à la prochaine

Juridique, & ce à peine des dépens du retardement du Procès.

Art. XIV. La demande produite, si le Défendeur comparé, & il a quelques fins déclinatoires & de renvoy, doit les proposer en premier lieu, puis les dilatoires ; autrement passant aux dilatoires, comme de non-répondre , non recevoir, & de litispendance, sont les déclinatoires tenuës couvertes, & n'est plus recevable à les proposer.

Art. XV. Toutefois encore qu'avant la litiscontestation, les Parties qui ont quelque cause de récusation à proposer, soient tenuës de ce faire ; si est-ce qu'en tous endroits de la Cause elles y sont reçuës, en se purgeant par serment, que plutôt lesdites causes ne sont venuës à leur notice & connoissance.

Art. XVI Procurations passées par Evêques , Chapitres, Abbayes , Colléges, Monasteres, Prieurez, Communautez d'Eglise, & par Gentilshommes, seront reçuës en Cour Laye , sous leurs Sceaux toutefois bien reconnus.

Art. XVII. Si le Défendeur comparant , propose lesdites fins de renvoy, il est tenu déclarer spécifiquement le Juge & le lieu où il prétend devoir être renvoyé, autrement n'y est reçû, & doit sur les fins dudit renvoi plaidoyer le premier, de même que sur les fins de non-répondre , si aucunes il en propose.

Art. XVIII. Encore que toutes actions possessoires soient annales , si suffit-il, pour empêcher leur prescription, que l'Ajournement soit donné dedans l'an & jour , à celui qui a fait le trouble.

Art. XIX. Si ayant Partie demanderesse produit avec sa demande quelques Requêtes, Decrets ou autres Enseignemens , le Défendeur en requiert Copie ou Extrait pour en revenir, & il lui est

L iij

octroyé; n'importe telle requise (soit accordée ou non) contestation en Cause ; & n'empêche le Défendeur , quand il en reviendra, de proposer ses fins déclinatoires ou dilatoires, si aucunes il en a.

Art. XX. Que toutes plaintes d'injures & de délits doivent être formées dedans la huitaine , à peine de déchéance, tant ès Siéges des Bailliages, que des Prévôtez & Mairies.

Art. XXI. Et s'il échet dispute, sçavoir si la plainte a été formée dedans la huitaine ou non, le Plaignant sera pour toute preuve reçu à le soutenir par serment ; sçavoir qu'il a formé sa plainte dedans les huit jours après que l'injure lui a été dite, & le délit inféré, ou qu'il est venu à sa connoissance.

Art. XXII. Si l'Héritage est assis en un Ban & Finage où il y ait plusieurs Seigneurs ayant leurs Mairies & Justices séparées : pour le regard des hommes & actions personnelles, le Ban étant néanmoins entr'eux commun & par indivis : en ce cas tous les Maires feront requis, puis tenus ; requis & interpellez qu'ils en feront en leur personnes ou à domicile, de s'assembler pour connoître de l'action qui s'intentera pour ledit Héritage ; & s'ils ne s'y trouvent, en jugeront les présens , sans préjudice des droits des autres Seigneurs. Le même se fera pour le regard des actions mixtes, comme sont celles qui s'intentent en partage de Succession, & chose commune, Abornemens d'héritages, Retraits lignagers, & autres semblables ; si donc il n'y avoit Maire commun, qui seul eût la connoissance desdites actions.

TITRE III.

Des Défauts.

Aʀᴛɪᴄʟᴇ Pʀᴇᴍɪᴇʀ.

Lᴇs Parties ajournées, fi le Demandeur ne compare, ou comparant n'eſt prêt de produire ſa demande, ou bien de procéder avec le Défendeur en quelqu'autre maniere, défaut congé eſt octroyé audit Défendeur ce requerant, avec dépens, & le Demandeur déclaré déchû de ſon Inſtance, ſauf à lui de ſe pourvoir de nouveau, & pour une fois ſeulement; & ce au cas que l'action ne ſe fût cependant preſcrite, & en refondant les dépens de ladite Inſtance.

Aʀᴛ. II. Si le Procureur du Défendeur ne fait promptement apparoir de ſa conſtitution, ſoit par Lettres de Procuration ſcellées & en forme probante, ſoit par le Regiſtre des Fondations; ſera contre lui octroyé défaut, n'étoit qu'il fût reçû par ſa Partie à procéder, & à la charge de ſe faire avouer dans les prochains jours; autrement il encourra le défaut & la peine d'icelui.

Aʀᴛ. III. Si le Défendeur ne compare au premier Ajournement, il tombe en défaut, en haine duquel il demeure for-clos des fins de renvoy qu'il eût pu ou pourroit par après propoſer, venant à autre ſéconde journée.

Aʀᴛ. IV. S'il ne compare au deuxieme, il encourt ſecond défaut, & déchet de ſes fins de non-répondre, & autres dilatoires.

Aʀᴛ. V. Défaillant au troiſieme, il encourt contumace, déchet de ſes fins péremtoires & perd ſa Cauſe, ſans être plus reçû ni admis à propoſer aucunes exceptions ou défenſes, ſi ce n'eſt que

L iv

ſur un quatrieme Ajournement à lui fait d'abondant, pour voir adjuger le profit de ladite contumace, il eût moyen de purger icelle par quelque
exoine ou excuſe pertinente.

Art. VI. Depuis conteſtation en Cauſe, ſi
l'une ou l'autre des Parties chet en défaut pour
quelque cauſe que ce ſoit, ne porte ni le premier
ni le deuxieme autre profit à la Partie qui l'aura
obtenu, que des dépens du retardement du Procès;
ſi ce n'eſt qu'elle en ait de ſuite légitimement
obtenu juſques à trois, qui font la contumace
parfaite, lui important gain de cauſe.

Art. VII. Toutefois ès Siéges des Bailliages,
eſt loiſible aux Parties appellées en défaut, ſe préſenter par tout le jour, ſéant encore le Juge pour
l'expédition des Cauſes, & en obtenir le rabat, en
reſtituant les dépens préjudiciaux, & paſſant outre
à la Cauſe.

Art. VIII. Et combien que la Partie tombée
en défaut, ſoit tenuë ſur le champ des dépens
préjudiciaux, avant même qu'être reçu à procéder;
ſi eſt-ce qu'elle ne doit être exécutée pour la peine
dudit défaut, que la Cauſe ne ſoit depuis l'octroy
d'icelui rappellée, & qu'il ſoit connu s'il aura été
bien ou mal obtenu; afin que celui qui ſe trouvera
au tort, ſoit exécuté pour ladite peine, ſelon qu'il
en ſera ordonné par le Juge.

Art. IX. Défauts ne tiennent rôle, ains peuvent
les Impétrans d'iceux faire réadjourner la Partie qui
les a encourus, aux prochains jours, ou aux autres
ſuivans, & ſe préſenter contre elle à celui auquel
ils l'auront fait réaſſigner, ſans attendre l'appel de
la Cauſe à ſon tour de rôle; n'étoit doncques que
telles préſentations fuſſent continuées.

TITRE IV.

Des Affeins & vue de Lieu.

ARTICLE PREMIER.

ES Actions de complaintes en cas de nouvelleté, de recréance & main-levée, conviennent après les fins déclinatoires, de renvoy, ou dilatoires, que le Défendeur requière vuë de lieu, & que pour la recevoir, lui étant Commissaires députez & Commissions décernées par le Bailly, son Lieutenant, ou représentant, le Demandeur la diligente dedans le délay à lui préfigé : autrement si elle n'a été faite dedans icelui, il déchet de l'instance, & demeure aux dépens d'icelle ; sauf à se pourvoir de nouveau dedans l'an du trouble ; si ce n'est que le défaut vienne de la prorogation donnée par les Commissaires, ou qu'il y ait autre exoine légitime.

ART. II. S'il s'agit possessoirement de quelque Droit universel & de Succession, ou s il est question de Retrait lignager, lesdites vûës de lieu & affein n'y sont reçuës.

ART. III. Si c'est de Droit & chose particuliere, il les convient particuliérement faire sur toutes les pieces portées en la demande, selon qu'elles y sont spécifiées & contenues. Que si elles se font autrement, ou que l'Assignation du jour de la délivrance d'icelles ne soit duement notifiée, elles doivent être déclarées nulles ou mal faites, comme défectueuses en leur formalité ; n'étoit que parties présentes, jour certain fût pris ou donné judiciairement pour en faire ladite délivrance, auquel cas ne seroit besoin d'autre signification.

ART. IV. Que ceux qui tiendront les affeins, vûes de lieu & enquêtes pour faites, & (comme

on dit) refraindront à icelles, après que leurs
parties à leur inftance auront été appointées à les
faire, encourront une amende de dix francs, fi
dedans quinzaine après ladite vûe de lieu ou affein
requis, ils n'y refraindrent.

TITRE V.
Des Garants.

ARTICLE PREMIER.

SI l'appellant à garant eft demeurant hors le
Bailliage, il fera tenu, après avoir pris la garantie
& avant que procéder avec le demandeur originel,
donner bonne & fuffifante caution, & élire domicile, fuivant ce que dit a été pour le demandeur,
au douzieme article du titre des ajournemens. Et
fe devront dreffer les ajournemens des appellez à
garant, en cette maniere :

ART. II. *A.... Bailiy de Nancy, ou B... Lieutenant, à C.... Salut. De la part de D.... demeurant à.... avons requis vous faire ajourner ; pour
lui porter garantie de telle demande que E.... d'un
tel lieu lui fait fur la poffeffion ou propriété d'une
telle maifon ou héritage, ou de telle chofe qu'il
prétend lui être dûe par obligation, cédule ou promeffe, ou comme héritier d'un tel, &c.*

ART. III. En action perfonnelle, naiffante d'o-
bligation, cédule, promeffes & contrat, requête
formelle de garant importe confeffion de la chofe
demandée.

ART. IV. En action poffeffoire de recréance ou
de main-levée, garant demandé, importe aveu du
fait du trouble de la gagere, defenfe, commandement, ou autre exploit dont il eft plainte par la
demande, & non du droit contentieux.

Art. V. Et si dedans le jour donné pour sommer & faire appeller ledit garant, le demandeur en garantie ne fait devoir de le faire ajourner, se présenter, & procéder contre lui au jour de l'assignation, il déchet de cause en toutes lesdites actions : comme aussi, si ayant fait ce devoir à ladite premiere assignation, il ne continue à toutes les autres suivantes, & fait apparoir de ses diligences à chacune juridique, sans attendre aucun tour de rôle, il déchet de cause esdites actions.

Art. VI. Si toutefois au jour qu'il devoit amener sondit garant, il présente se garantir de soi même, il y est reçu, sans qu'on puisse prétendre contre lui aucune déchéance, pourvu qu'il passe outre au principal, soit qu'il ait protesté ou non de se garantir soi-même, à la charge toutefois de procéder sur le champ, & passer outre au principal.

Art. VII. Si l'action est pétitoire, ou autrement pure réelle, la requise du garant n'importe au défendeur aveu aucun, ni confession des faits du demandeur, & ores qu'au jour assigné pour amener son garant il n'y ait satisfait, ni fait offre de se garantir soi-même, il ne tombe pour ce en aucune déchéance.

Art. VIII. Si elle est hypothécaire, & l'hypotheque est tenue par un tiers, qui n'ait lui-même, ou par Procureur, contracté la dette, ou le cens pour lequel l'action est dressée, & il requiert son auteur à garant; n'importe cette requise à l'un ni à l'autre, confession tacite ou expresse de la chose prétendue, par le demandeur originel. Si la dette est de son fait, ou qu'il soit appellé comme héritier du detteur originel, & il demande garant, il est censé tacitement la confesser.

Art. IX. Si ladite action naît de cédule, ou autre écriture privée, par laquelle aucunes pieces d'héritages ou feigneuries foient hypothéquées, le detteur, quelque part qu'il foit demeurant, peut-être convenu pardevant le Juge, en la jurifdiction duquel la chofe eft fituée, felon la qualité & condition d'icelle.

Aʀᴛ. X. On peut appeller à arriere - garant jufqu'à ce qu'on foit venu à celui qui doit demeurer en caufe, en y obfervant les mêmes formalités que pour le garant originel.

Aʀᴛ. XI. Le défendeur ayant amené fon garant en Cour, lui eft néanmoins loifible de demeurer en caufe, & défendre avec lui conjointement ou divifement; afin d'obvier à collufion qu'il pourroit faire avec le demandeur originel.

Aʀᴛ. XII. Si lefdits garants ou arriere garants font demeurans hors le bailliage, & toutefois fous même Souveraineté, & ajournés qu'ils feront par commiffion du Bailly ou de fon Lieutenant, portante claufe rogatoire, & de l'autorité & permiffion de leur Juge ordinaire, ils tombent en contumace; le profit d'icelle, qui importera gain de caufe à l'impétrant, doit être exécuté de l'Ordonnance du Juge de ladite caufe, après l'avoir requis par fa commiffion au Juge ordinaire des contumaces; & lequel, moyennant telle requifition, n'en doit faire refus aucun.

Aʀᴛ. XIII. S'il eft d'une autre Souveraineté, & il ne compare, au refus peut-être que fera fon Juge ordinaire d'octroyer ledit *parcatis*, fera fur le champ donné au pourfuivant délai certain & compétant, à arbitrer par le Juge de la caufe, pour l'aller pourfuivre devant fondit Juge ordinaire; & icelui paffé, fera contraint de fe défendre de fon chef, fi doncques il ne fait apparoir de fon devoir & diligence, foit par atteftation des Juges, du Greffier, ou autrement duement.

Art. XIV. Si le *pareatis* s'octroye, & ledit demandeur en garantie reçu de poursuivre sondit prétendu garant ainsi ajourné, jusqu'à contumace ; laquelle encourue, lui est donné délai certain pour poursuivre l'exécution du profit d'icelle, ou bien autrement procéder contre le contumace, comme il trouvera bon à faire : & lequel délai expiré, sera icelui demandeur en garantie contraint de passer outre avec le demandeur originel, & sauf à lui son recours contre sondit prétendu garant. Pourra néanmoins le Juge le lui proroger, s'il trouve que faire se doive.

Art. XV. Ès actions d'injures & délits personnels, esquelles le plaintif doit être fait dans la huitaine, les défendeurs ne sont reçus à sommer aucun à garant, non plus qu'en action de retrait lignager, & pour faute, erreur, dénis, abus ou malversation commise en Justice ; bien peuvent les parties, qui de tels actes prétendent profit, se joindre en la cause pour leurs intérêts, si faire le veulent.

Art. XVI. Ès causes & actions de délits réels, faits à voye de force privée au fond d'autrui, est le défendeur originel reçu à nommer & faire convenir son Auteur pour garant : n'est par ce toutefois, non plus que sondit prétendu garant, exempt de la peine de l'amende ordinaire, ou autre à arbitrer par le Juge, selon la qualité du délit, s'il y échet, & est trouvé que faire se doive par raison.

Art. XVII. N'est l'appellé à garant tenu de porter garantie au défendeur originel de la chose contentieuse, s'il a défailli de requérir & poursuivre tous les termes de Justice accoutumés, avant celui dudit garant.

TITRE VI.

De la Contestation au principal.

ARTICLE PREMIER.

APRÈS le terme de garant, & que les parties ont été réglées sur les difficultés d'icelui, elles doivent plaider au principal, & proposer leurs fins péremptoires verbalement, afin d'y être ordonné par le Juge sur le champ; si ce n'est que pour bonnes considérations il les appointe à écrire; ce qu'il ne devra faire qu'ès causes esquelles il y aura appel, ou qui seront de telle importance & difficulté, qu'il juge devoir être ainsi fait pour plus ample connoissance d'icelles.

ART. II. Peuvent toutefois les parties prendre d'elles-mêmes appointemens d'écrire, si bon leur semble, sans qu'elles soient auparavant tenues de plaider verbalement, & de s'entre-communiquer par même moyen les pieces qu'elles prétendent employer à leurs fins.

ART. III. Et lorsqu'elles ont pris tel appointement d'elles-mêmes, si leur contestation se trouve imparfaite, en ce peut être que l'une ou l'autre n'auroit contesté sur faits posés par sa partie, & pour tout rencontré icelle de droit; peut le Juge, avant faire droit sur leurs écritures, les régler, en leur ordonnant de ce faire par autres écritures d'additions, ou autrement, selon qu'il verra être expédient faire par raison.

ART. IV. Plaidantes les parties verbalement, si le défendeur est interpellé par le demandeur de produire les titres & documens dont il prétend se servir, & il n'y satisfait avant que le demandeur ait conclu en droit, il n'y est plus recevable.

ART. V. Auſſi ayant ledit demandeur conclu en droit, il eſt forclos de toutes productions littérales, deſquelles il voudroit ſe ſervir; ſauf, s'il eſt reçu à faire enquête, de les y employer, comme ſera dit ci-après.

ART. VI. Délais donnés pour fournir d'écritures ſur incident au principal, ou ſur agrémens d'appellations, ne ſont péremptoires pour l'égard de l'intimé; ains faut qu'il ſoit contumacé par trois défauts conſécutifs, avant que de l'en déclarer déchu, & l'étant, ne déchet pour ce de ſa cauſe au principal ains ſeulement de ce qui venoit lors à faire; ſi ce n'eſt que cette cauſe ſoit en matiere d'exécution: car en tous actes d'icelle, un ſeul défaut porte contre l'exécuté perte de la cauſe en ſon principal, & au demandeur, de l'inſtance.

ART. VII. Si pendant un procès entre deux ou pluſieurs parties, un tiers prétend y avoir intérêt, ſoit en la poſſeſſion ou en la propriété de la choſe contentieuſe, ou bien en autre maniere, quelle elle ſoit; il lui eſt loiſible, la choſe étant encore en ſon entier, d'y intervenir, & requérir d'être reçu audit procès pour ce qui touche ſondit intérêt, & n'eſt de beſoin, pour à ce être admis, qu'il faſſe ajourner leſdites parties à cet effet.

ART. VIII Le même loiſt au Procureur de SON ALTESSE, & autres Procureurs d'Offices ès Seigneuries de leurs charges: car ils peuvent être reçus parties en tous actes de la cauſe; voire requérir, après la définition d'icelle, d'en avoir communication, pour y dire ce qu'ils trouveront être de l'intérêt du Fiſc & du public: & où leſdits Procureurs Généraux ou d'Office prendroient la garantie en quelque cauſe qui ne touchât le fait de SON ALTESSE, ou de leur office, ſera loiſible à la partie qui y aura intérêt de les en pourſuivre en leur pur & privé nom, pour tous dépens, dommages & intérêts qu'elle aura encourus au moyen de la garantie ainfi par eux prife.

TITRE VII.

Des Preuves.

Article Premier.

SI fur le plaidoyé verbal des parties, le Juge appointe à preuve l'une ou l'autre d'icelles, il lui fera loifible employer aux fins de ladite preuve, tels titres, lettrages & documens qu'elle penfera y fervir & valoir, encore qu'elle eût obmis, en plaidant fa caufe, de les produire.

Art. II. La partie qui pour obtenir à fes fins, pofera en plaidant faits fujets à preuve, devra en avoir dreffé intendits par écrit, pour les délivrer au Greffe, fon plaidoyé fini & parachevé, felon qu'il eft dit au ftile des affifes, *Titre 7, Article premier.*

Art. III. Si en dreffant lefdits intendits, la partie accumule tous fes faits en un, fans les diftinguer & féparer l'un de l'autre, & il avient qu'elle défaille à la preuve d'un d'iceux, celle qu'il aura fait des autres, lui eft inutile, qui eft ce qu'on dit : *Que qui défaut en l'un, déchet de tous.*

Art. IV. Si elle les a articulés diftinctement par intendits divers & féparés, elle obtient pour l'égard de ceux qu'elle a vérifiés; pour les autres, non.

Art. V. Et ores que le Juge accumulât par fon interlocutoire à preuve, tous les faits en un, pourra néanmoins la partie chargée d'icelle, les féparer, & en dreffer divers intendits, & fuffit qu'elle fe conforme au refte à ladite interlocutoire.

Art. VI. La preuve d'un plein droit de propriété,

priété, se fait réguliérement par titres, lettrages
& documens en écrit ; & à faute d'iceux, par témoins non reprochables, suspects, ni en moindre
nombre que de sept, & auquel pourra être compris
le produisant, si bon lui semble.

Art. VII. La preuve de haute-possession se
doit faire par sept témoins, y compris (comme
dessus) le produisant, qui tous déposent, ledit produisant, ses Prédécesseurs ou Auteurs, avoir
avant la production de la demande, possédé au
dessus de trente ans la chose de laquelle il est
question, & par divers actes ou années avoir
continué au dessous sa possession le cas y échéant.

Art. VIII. Et toutes autres causes intentées,
ou pour la simple possession, ou pour quelque chose
faite ou contractée entre personnes qui sont encore
vivantes, suffit de deux témoins avec le principal,
ou bien de trois sans lui, iceux non suspects ou
réprochables ; & n'est de nécessité au produisant
réserver son serment, comme du passé, soit qu'il
veuille jurer ou non. Que si c'est du fait d'une personne décédée (qu'on dit communément ; *après
main-morte*,) il suffit de quatre témoins, ou bien
de trois avec le serment de la partie produisante.

Art. IX. Convient aussi, pour faire valoir une
preuve, que la partie contre laquelle elle se fait,
soit duement signifiée de se trouver à l'adjurance
des témoins, & productions des titres, si bon lui
semble & faire le veut ; autrement est ladite preuve
nulle & défectueuse, & doit être telle déclarée avant
l'ouverture & publication de l'enquête ; n'étoit que
jour certain à faire icelle, eût été pris par les parties, ou donné judiciairement, icelles parties, ou
leurs Procureurs présens ; & desquelles preuves &
enquêtes les parties pourront prendre extraits ; ou
si elles en veulent avoir copie, elle leur sera donnée

M

à leurs frais par les Greffiers ou Clercs-jurés, qui ne la leur pourront refuser.

ART. X. Le Sergent de Bailly, ayant mandement d'icelui, ou de son Lieutenant, pour ajourner témoins résidans en Seigneuries, quelles elles soient du Duché de Lorraine, s'adressera, avant faire son exploit, au Mayeur; & à son absence, au premier des autres Officiers de Justice qu'il trouvera en Ville, pour être assisté d'eux en faisant son exploit : aussi lesdits Mayeurs, ou autres Officiers, en étant interpellés, ne devront ni refuser ni différer ladite assistance, soit en se cachant, soit par quelque autre voye & maniere indirecte : autrement pourra ledit Sergent passer outre à son exploit, **en chargeant la rélation**, ou de l'assistance qui lui aura été faite, ou de l'absence, latitation, refus & délayement desdits Officiers, au moyen desquels il aura ainsi passé outre sans l'assistance d'iceux. Si le Mandement s'adresse à tous Sergens du Bailliage, Prévôtés & Mairies d'icelui, l'impétrant pourra faire ajourner lesdits témoins par un Sergent du lieu de leur résidence, si donc ils ne sont de telle qualité, qu'à cause d'icelle, ils soient seulement Jurisdiciables au Bailliage.

ART. XI. Tous délais de preuves, soit par le moyen desdites enquêtes ou de serment accepté, laissé ou donné à partie, de vue de lieu, de garants, reliefs d'appel, & agrément d'icelui pour le regard de l'appellant, sont péremptoires, & doit la partie y satisfaire dedans le tems qui pour ce lui a été préfigé, à peine de forclusion. Si ce n'est, comme est dit ci dessus, que les commissions étant obtenues dedans le tems, il y ait prorogation octroyée par le commis à recevoir lesdites vues de lieux, enquêtes & serment, ou bien quelqu'autre exoine légitime, & continuation de journée auxdits garants, & serment à prêter judiciairement ; auquel cas les parties demanderesses en garantie, ou chargées desdits sermens, sont reçues d'y satisfaire à la premiere juridique suivante.

ART. XII. Si la partie chargée de faire enquête, veut pour toutes preuves employer quelques productions littérales, faire le peut, & y est reçue toutes les fois que la cause est appellée, dans le délai toutefois à elle prescrit pour faire sadite enquête, sans que pour ce il lui soit de besoin obtenir aucune commission, & icelle faire signifier à sa partie.

ART. XIII. Les enquêtes faites, & rapportées en Cour, si la partie contre laquelle elles ont été diligencées, a quelques fins de nullité à proposer faire le doit avant que consentir à la publication & ouverture d'icelle, à peine de n'y être plus reçue ; n'étoit doncques que ladite publication fût consentie par les parties sans préjudice. Si elle veut reprocher les personnes des témoins, faire le doit avant ladite ouverture, & sauf après icelle de contredire leurs dépositions ; & doit celui qui prétend reprocher ou contredire, proposer ses reproches le premier, ores qu'en la cause il fût défendeur.

ART. XIV. Est loisible à partie produisante, lors principalement qu'elle a plusieurs faits à prouver de donner étiquets au Commissaire qui fait l'enquête, pour l'informer des Faits & Articles sur lesquels il entend le témoin par lui administré, être ouï. N'est toutefois partie adverse admise à donner interrogatoires, pour être sur iceux lesdits témoins ouïs à son intention.

ART. XV. Sermens déférés de partie à autre, communément dits *sermens loqués*, sont décisoires du fait sur lequel ils sont déférés ; & une fois référés ou acceptés, celle des parties contre laquelle ils doivent être faits, n'est plus reçue à autre preuve.

Art. XVI. Tel serment ainsi déféré de partie à autre, il est loisible à celle à laquelle il est déféré, de demander & avoir jour pour délibérer si elle doit l'accepter, ou bien le référer : mais pour ce faire, lui sera donné jour certain aux prochains, ou à quelques autres suivans : auquel jour, si elle veut l'accepter, sera tenue comparoir en personne, pour le prêter sur le champ ; & où elle voudroit le référer, faire le pourra par son Procureur ; & en ce cas, devra celui qui l'aura déféré, être prêt à ladite journée, pour aussi le prêter en personne, à peine de déchéance ; sauf toutefois exoine & excuse légitime.

TITRE VIII.

Des Appellations.

ARTICLE PREMIER.

LES causes ainsi instruites qu'il a été ci-devant dit, & juges ès Siéges du Bailliage de Nancy, soit interlocutoirement ou en définitive, peut la partie qui prétend être grévée par le Jugement qui y sera donné, en appeller immédiatement à Messieurs de l'ancienne chevalerie, au droit de l'Hôtel de Monseigneur, sauf ès cinq cas ; sçavoir, de chose jugée, serment loqué, acte de trouble, & nouvelleté faite depuis an & jour, injure & crime : esquels tous on se doit pourvoir par plainte.

Art. II. Si c'est de Sentence donnée par autres Juges que ceux dudit Bailliage ; il y a, sans réserve, en tous cas (hormis en celui de crime) appellation de ressort en ressort jusqu'au dernier.

Art. III. Qu'en toutes Sentences dont y a appel, la partie, avant que d'en appeller, en doit demander l'interprétation, en cas qu'elle y trouve de l'obscurité, & non après; & même lorsque l'appel sera rapporté du lieu supérieur & de ressort; d'autant qu'en appellant il est censé avoir entendu le grief qui lui a été fait par ladite Sentence. Et est seulement recevable à demander ladite interprétation, audit cas que le droit soit revenu dudit ressort, quand la Sentence est réformée par icelui : & lors il se doit adresser par Requête au Juge réformateur de ladite Sentence, pour avoir de lui l'interprétation d'icelle, en cas qu'il y trouve de l'obscurité, comme dit est, & à ces fins obtenir délai dudit premier Juge, lorsque le partie se présentera à l'ouverture dudit appel, dedans lequel tout sursoye. Que s'il se trouve avoir calomnieusement demandé ladite interprétation & délai pour obtenir, il sera mulcté d'une amende, selon l'exigence du cas, & condamné aux dépens, dommages & intérêts de la partie, provenans du procès retardé.

Art. IV. L'appellation doit être interjettée sur le champ, si les parties ou leurs Procureurs sont présentes, puis relevée par l'appellant dedans quinzaine, en fournissant d'écritures, si le procès n'est jà par écrit ; & de six francs, en tous cas, ès mains du Greffier de la cause ; & lequel devra noter le jour de la réception qu'il en fera, afin de savoir si ledit appellant y aura duement procédé ou non.

Art. V. Si la partie, ou son Procureur, ne sont présens lorsque la Sentence se prononcera, ou pour être absent des pays, ou pour quelqu'autre exoine & excuse raisonnable & légitime, & qu'à ce moyen il n'en ait été appellé par eux sur le champ, seront néanmoins iceux par après recevables à ce faire.

ART. VI. L'appellation reçue, fournie & relevée (comme dit est) l'appellant doit dedans la quinzaine ensuivante, ou bien les prochains jours plaidables après ladite quinzaine, si le procès n'est par écrit, faire appeller sa partie, pour agréer lesdites écritures, & ce à peine de décheance, & d'être la Sentence dont étoit appel, tenue pour passée en force de chose jugée.

ART. VII. Et si l'intimé ainsi appellé pour agréer, se rend contumacé par trois défauts consécutifs duement contre lui obtenus, il perd sa cause, bien que la Sentence dont est appel fût entiérement à son profit.

ART. VIII. La forme d'agréer lesdites écritures est telle, que les parties se trouvant contraires, en ce que respectivement elles maintiennent avoir été plaidé plus ou moins, ou bien en autre maniere qu'il ne se trouve écrit; cette difficulté se regle par le record des Juges, s'ils en sont souvenans; si non par le serment que les Procureurs de la cause se déferent l'un à l'autre.

ART. IX. S'il avient quelque difficulté sur la production du titre; la partie contre qui elle est faite, la déniant ou débattant, on s'en rapportera au regiftre des causes.

ART. X. Et ne sont les appellans reçus à proposer faits nouveaux, ni fournir autres écritures de griefs, que les premieres sur lesquelles aura été jugé, & qui auront été agréées.

ART. XI. Que si la Sentence dont est appel, a été rendue non sur le plaidoyé verbal des parties, mais sur les appointemens de droit auparavant fournis par écrit, suffit que l'appellant relevant son appel, fournissent lesdits deniers, pour être mis & enclos audit appel, & portés au Greffier desdites assises, qui est tenu d'en faire regiftre.

Art. XII. Lefdites appellations jugées, font renvoyées clofes aux Juges defquels elles ont été interjettées, puis ouvertes pardevant eux, & y eft procédé, felon que les Sentences dont étoit appel, fe trouvent infirmées ou confirmées ; à l'effet de quoi, celle defdites parties qui defire ladite ou-verture, eft tenue faire donner affignation à l'autre, à tel jour que bon lui femble de l'audience des caufes ordinaires du Siége où elles ont été renvoyées.

Art. XIII. Ès caufes où n'y a appel, pour être des qualités ci-devant déclarées, on pourra fe pour-voir par plaintes en faute de Juftice, dans quatre femaines après la prononciation d'icelle pour tout délai ; & ne fe formeront que fur le fait en fon principal, ou fur incidens irréparables en défi-nitive.

Art. XIV. Et jaçoit que jufqu'ici y ait eû indif-féremment appel de toutes caufes perfonnelles ; néanmoins afin d'abréger d'autant les procédures, il n'y en aura dorénavant aucun en celles qui feront inténtées pour falaire, loyers, gages & mercedes de ferviteurs & main-ouvriers, légats pieux bien reconnus, trait de bouche, & chofe mife en dépôt ; ains feront icelles traitées fommairement & de plein, nonobftant toutes feries & vacances.

Art. XV. Le femblable fe fera en toutes autres, efquelles l'étranger fera demandeur contre un du pays, fi ce n'eft en définitive pour chofe qui excede la valeur de cent francs : encore fera-ce en config-nant par le défendeur condamné, nonobftant l'appel.

Art. XVI. Que tous appellans qui laifferont leur appel défert, ou renoncéront à icelui, feront mulétés d'une amende de deux francs au profit des Seigneurs de la Juftice dont fera appellé, & con-damnés aux dépens, dommages & intérêts prove-nans du retardement du procès.

Art. XVII. L'appellant fera tenu fournir avec le procès d'appel, dans le tems introduit pour le relever, aux Juges de dernier reffort, fix francs ; & aux inférieurs, deux.

Art. XVIII. Les Juges, au cas que difpute aviendroit entre les parties, pour favoir s'il y aura appel de leurs Sentences ou non, ne devront, comme du paffé, retenir confeil jufqu'à la premiere juridique fuivante ; & après qu'ils auront jugé y avoir appel ou non, la partie qui s'en fentira gré-vée, en pourra former plainte pardevant Son Al-tesse, en configmant cinquante francs feulement pour l'amende, fans préjudice, en tous autres cas, des Ordonnances de S. A. ci - devant publiées fur le réglement des plaintes de faute de Juftice.

TITRE IX.

Des Gageres, Saifies, Exécutions, Recréances ;
Main-levées, Oppofitions, & autres Exploits.

ARTICLE PREMIER.

LES actions de recréance font celles qui font intentées pour gageres faites ès biens de ceux qui les pourfuivent. Et font les impétrans d'icelles, recevans fur les lettres de Juftice, tenus de recroire, moyennant la caution folvable & refféance, donnée à l'impétration d'icelles. Si toutefois ils penfent ne les devoir faire, ou pource que la caution n'eft folvable, ou pource que c'eft pour chofe jugée, ou pour quelqu'autre caufe légitime, ils doivent comparoir au jour de l'affignation, pour iceux & parties impétrantes ouïs, y être fur le champ ordonné provifion par les Juges.

Art. II. Et où partie difconviendroit de la
fuffifance

fuffifance de ladite caution, ne fera befoin d'en informer comme du paffé ; & ce, afin d'obvier aux frais & longueurs qui s'en enfuivent ; ains fera tenu celui qui l'aura donnée, la faire certifier folvable & fuffifante, par homme qui foit lui - même folvable & fuffifant ; & qui fera, au cas de l'infuffifance de ladite caution, lui-même tenu à ce pourquoi elle auroit été donnée.

Art. III. Et où le Lieutenant de Bailly, ou le Juge qui en connoîtra, obmettra de recevoir caution, ou certificateur fuffifant, il en fera tenu lui-même en fon pur & privé nom, comme de droit.

Art. IV. Le Sergent exploiteur de la commiffion, fera tenu laiffer copie de fon exploit à celui fur lequel il aura exploité, aux frais du pourfuivant, & fauf à lui de les recouvrer, s'il y échet : Et auquel exploit il fera expreffe mention s'il y a eû oppofition formée entre fes mains, ou non ; & fauf toujours à celui fur lequel exploit aura couru, de former fadite oppofition dans la quinzaine, foit entre les mains dudit Sergent, ou de celui duquel fera émanée ladite commiffion, & dont fe fera regiftre, contenant le jour de l'oppofition.

Art. V. Que s'ils ne fe trouvent fondés au refus qu'ils feront de recroire, feront condamnés de ce faire, moyennant ladite caution, ou autre folvable, & refféante au Bailliage ; & aux intérêts des parties. S'ils ne comparent, feront femb'ablement, en haine de ce feul défaut, condamnés de recroire, & fauf à faire droit fur lefdits intérêts à la premiere comparution des parties, & qu'icelles auront été fur ce ouïes.

Art. VI. Celui qui veut intenter une action de recréance ou de main-levée, doit impérer à ces fins lettres de Juftice, fi c'eft au Bailliage ; ou bien

N

un ajournement, si c'est en Prévôté; & ce dans la quinzaine après que l'exploit lui aura été signifié; autrement n'y sera plus recevable.

Aʀт. VII. L'ajournement étant ainsi requis, ou l'opposition formée dans la quinzaine, & les parties venantes en jugement; celui qui est impétrant de la gagere, ou de l'acte duquel on poursuit la recréance ou main-levée, doit plaider le premier, déclarer & soutenir les causes pour lesquelles il a requis lesdits exploits, & conclure en droit.

Aʀт. VIII. Celui sur qui les commissions desdites gageres, saisie, main-mise, commandement, défense & autres tels exploits seront exécutées, ne pourra s'en pourvoir contre ceux qui les auront décernées ou exécutées; ains seulement contre l'impétrant d'icelles, & à Requête de qui elles lui auront été signifiées : pourvu toutefois que le Sergent, & Officier exécuteur d'icelles, lui ait, en faisant son exploit, nommément déclaré qui en est l'impétrant, & dont il sera crû à sa simple relation.

Aʀт. IX. Ne se décerneront aucunes lettres de commission à personne d'autre Bailliage & Jurisdiction, pour procéder aux exploits, sans lui avoir au préalable fait élire domicile, & tourner caution solvable & resséante, afin que la partie sur qui aura été exploité, sache à qui elle devra délivrer ses lettres de recréance, main-levée, & autres telles de Justice, & aussi à qui s'adresser pour le recouvrement de ses dépens, dommages & intérêts, le cas d'iceux échéant; & à faute de quoi faire, en répondront en leur pur & privé nom ceux qui auront décerné lesdites lettres. Le même s'observera ès Justices inférieures & subalternes, qu'en celle du Bailliage.

Aʀт. X. Pour préparer une action de censive

fonciere , ou de rente achetée à prix d'argent & à réachat, foient lefdites cenfives ou rentes conftituées
fur édifices, ou autres héritages ; il a été jufqu'ici
de néceffité à ceux à qui appartenoient lefdites cenfives ou rentes , d'impétrer faifie , ou tel autre exploit
que l'ufage du lieu le portoit , fur les chofes afcen-
fées & affectées ; & l'exploit fignifié aux détenteurs, leur faire fur la main-levée en requife , affigner
jour , & dreffer demande comme en fimple action.
Aujourd'hui , fi ceux à qui feront dues telles cenfives , ou rentes, ont titres authentiques faifant
foi d'icelles, leur fera loifible & auront le choix ,
ou de fuivre cette forme ancienne, ou de faire par
voie d'exécution exploiter en vertu defdits titres ,
fur les biens & chofes affectées auxdites cenfes &
rentes, ainfi qu'il fe fait pour intérêts & autres
dettes ftipulées par contras authentiques de pures
& fimples obligations, fauf aux detteurs defdites
rentes, ou détenteurs des biens y affectés , leurs
oppofitions.

Art. XI. Si dans la quinzaine après la fignification de l'exploit de ladite faifie , la main-levée
n'en eft requife, foit par le propriétaire , détenteur
ou autre y ayant intérêt, l'impétrant fe fera mettre
en poffeffion de la chofe ainfi faifie à fa Requête ,
& la fera duement fignifier audit détenteur ; de
laquelle , s'il ne requiert la main levée , ou autrement ne contredit & s'oppofe à icelle dans autre
terme de quinzaine, fera ledit impétrant maintenu
en icelle , & n'en pourra être déjetté , finon par
action qui en fera intentée contre lui pétitoirement ;
n'étoit que le détempteur non propriétaire, auquel
la fignification en auroit été faite, eut défailli d'en
avertir ledit propriétaire , & fuffent prêts l un &
l'autre de s'en purger par ferment. Auquel cas ne
lui pourroient préjudicier lefdits exploits , ains

N ij

feroit recevable à y défendre de nouveau ; & fauf
à l'un & à l'autre leur recours contre ledit détenteur, pour le recouvrement des dépens, dommages
& intérêts qu'ils auroient refpectivement foufferts,
faute d'avoir été ledit propriétaire par lui averti
defdits exploits.

ART· XII. Ès caufes & matieres d'exécutions,
fi l'exécuté, ou bien un tiers, s'y veut oppofer,
faire le doit dans la quinzaine de l'exploit. Et fi
au jour de l'affignation fur ce donnée par le Sergent, & à l'appel de la caufe, l'oppofant n'a à
propofer aucunes fins déclinatoires ou dilatoires,
ni à fommer aucun à garant de la chofe ainfi exploitée,
lui étant donnée communication des titres & lettres
fur lefquels l'exécution a été décernée, & des commiffions & exploits qui s'en font enfuivis, fera tenu
de defendre & de déduire les caufes & moyens
de fon oppofition, ou fur le champ, ou à la prochaine Juridique, n'étoit que les parties priffent
de gré à gré appointement d'écrire chacune à leurs
fins; favoir ledit oppofant dans un certain délai,
dans lequel il devra fournir au Greffe fefdites caufes & moyens; & l'impétrant fes défenfes à iceux
femblablement dans pareil délai.

ART. XIII. S'il fomme aucun à garant, il eft
cenfé confeffer la dette, fi elle eft perfonnelle ou
hypothéquaire, & de fon fait, comme a été ci-
devant dit.

ART. XIV. Et fi par la teneur de l'obligation
il fe trouve avoir renoncé audit garant, il n'eft recevable à la fommation d'icelui; ains faut qu'il fe
défende de fon chef, quant bien il feroit tout évident qu'il fut pourfuivi pour le fait & dette d'autrui,
fauf à lui fon recours contre celui pour la dette
duquel il aura été condamné. Et comme cette renon-
ciàtion lui eft de telle conféquence, fera tenu le

Tabellion qui en recevra le contrat, de donner à entendre bien particuliérement à la caution, lors qu'elle s'obligera, combien lui importe la renonciation qu'elle fait à garant, & à telle peine que de droit, s'il se trouve ne l'avoir fait.

ART. XV. La forme desdites exécutions (communément dites ; *vendage à droit de ville*) n'est autre sinon que le Sergent à qui la commission est adressée, ayant sommé le detteur de satisfaire à ce dont il est redevable ; au refus ou délai qu'il en fera, procédera à l'encontre de lui, premiérement par saisie, prise & vendage de ses meubles, puis des immeubles, ou bien de tous les deux, s'il y échet; discussion préalablement faite de ceux-là, conformément à la commission qui lui en aura été décernée.

ART. XVI. Le detteur s'étant soumis par son contrat de subir jurisdiction pardevant telle Justice qu'il plaira au créancier d'élire, pourra ledit créancier choisir la Justice du Siége du Bailliage où le detteur fait sa résidence, ou la domiciliaire dudit detteur ; & si l'exécution se fait par un Sergent de Bailly, sera icelui tenu de prendre l'assistance des Mayeurs, ou autres Officiers du lieu, en la forme qu'il a été dit des ajournemens, au chapitre des preuves, article X.

ART. XVII. Seront les Sergens tenus mettre à due exécution, au district de leur charge, les commissions à eux mises en main, dans quinzaine pour tout délai, s'il n'y a excuse légitime ; & néanmoins avant que procéder à la gagere actuelle, & déplacement des meubles du detteur, l'interpeller, ou sa Femme & domestiques en son absence, de payer la chose pour laquelle l'exploit se fera ; rapporter la relation d'icelui par écrit, contenant bien particuliérement tout ce que dit & fait aura été en

N iij

faifant ledit exploit ; & laquelle relation ils délivreront aux parties qu'il appartiendra, jour après autre, & au plus tard dans huitaine de leurdit exploit, & ce moyennant leur falaire raifonnable.

Art. XVIII. A ces fins, & afin qu'il paroiffe tant mieux de leur devoir, ils inféreront fidélement en leurdite relation, le jour de la réception par eux faite defdites commiffions, & pieces y jointes; enfemble de leurs voyages, vacations, & falaires qu'ils en auront reçus, & ce à peine d'être punis comme pour cas de faux, s'ils font trouvés y avoir mis & inféré, ou obmis de mettre & inférer aucune chofe de tout ce que fait ou dit aura été par eux ou les parties, pendant lefdits exploits.

Art. XIX. Et donneront aux detteurs par eux exécutés, aux frais de l'impétrant, copie de leur commiffion, exploit, relation, & de l'inventaire des meubles qu'ils auront pris & faifis fur eux ; fi tant eft que leurdit exploit commence par iceux ; ou bien reconnoiffance fignée de leur main, de la réception des deniers qu'ils auront faite, & en quelle efpece, & ne les garderont plus de huit jours pour le plus ; même rendront les mêmes efpeces qui leur auront été mifes en main, au créditeur à qui elles appartiendront ; & ce à peine d'amende arbitraire, & de tous dépens, dommages & intérêts envers la partie.

Art. XX. Si au refus ou délai que le detteur fera de fatisfaire à ce dont il fera interpellé, il eft procédé contre lui par gagere & exécution, & que ce foit pour dette perfonnelle, convient (comme dit a été) difcuter fes meubles avant que d'exploiter les immeubles ; & entre lefdits meubles, ceux qui font gifans, premier que les pâturans : autrement, s'il fe trouve & vérifié duement que le Sergent exécuteur ait paffé outre à l'exécution de l'immeuble, avant que faire entiere & fidelle difcuffion des meubles, ou que les deniers provenans des gifans étant fuffifans à l'acquit de la dette dont eft queftion, il ait auffi paffé outre à la vente des pâturans; en ce cas, il devra être condamné à tous dépens, dommages & intérêts encourus par la partie à cette occafion, & à une amende à arbitrer felon l'exigence du cas.

ART. XXI. Serons auffi lefdits Sergens tenus fur le champ, & avant que partir du lieu où ils auront fait leur exploit, dreffer bon & fidele inventaire & état defdits biens, avec particuliere & fpécifique déclaration de leur qualité & valeur, pour petite qu'elle foit, & ce en préfence de l'un des gens de la Juftice dudit lieu, & qui fera dénommé en leur procès-verbal, & le fignera s'il fait écrire, finon d'un Tabelliou dudit lieu, fi aucun y en a; & ce au moins de frais que faire fe pourra.

ART. XXII. S'il y a oppofition formée contre lefdits exploits de gagere & exécution, foit par les detteurs, ou par un tiers y ayant intérêt; furfeoira le Sergent fon exploit jufques à ce qu'il foit connu de ladite oppofition. Le même fera-t-il, encore qu'il n'y ait aucune oppofition, mais jufqu'à la quinzaine feulement; mettant cependant les meubles par lui exploités, en dépôt ès mains d'un de la Juftice du lieu, ou d'autre perfonne qu'il fera affuré être folvable.

ART. XXIII. L'oppofition étant vuidée, ou la quinzaine de l'exploit expirée, vendra le Sergent lefdits meubles à l'encan par le menu, & piece à piece, au lieu où ils auront été exploités, ou bien en quelqu'autre prochain à ce commode, felon qu'il en fera requis par les parties, & verra être au plus grand profit d'icelles : & n'en vendra que pour la fomme due, dépens de l'exploit & tranf-

port defdits meubles, fi aucun s'en eft fait; le
tout à telle peine que deffus.

ART. XXIV. Que fi par ladite vente, ou autrement, lefdits meubles fe trouvent de prix plus haut
que celui auquel reviendront lefdites fommes &
dépens, ils recroiront fidélement à l'exécuté le
furplus, & en rempliront l'inventaire, fans pour
ce prendre ni exiger de lui aucunes chofes, outre
leurs vacations.

ART. XXV. Et fi l'exploit a été fait, non pour
dettes de deniers clairs, ains de grains, vins, ou
autres telles efpeces, & il n'y a oppofition àcelui
de l'exécuté, fi ne laiffera ledit Sergent d'affigner
les parties pardevant le Juge du lieu, à la prochaine
juridique, aux fins de voir faire l'appréciation
defdites efpeces en deniers; & à ces fins lui rapporter ou renvoyer le procès-verbal de fon exploit,
pour audit jour, foit que le detteur compare ou
non, être ladite appréciation faite, fi la néceffité
de la caufe n'en requiert connoiffance plus ample.

ART. XXVI. En tous cas ne devra être l'exécution faite fur les armes & chevaux de ceux qui
portent actuellement les armes pour le fervice de
SON ALTESSE & du public, & defquelles l'ufage
leur eft du tout en ce néceffaire; ni fur livres de
gens qui font profeffion des lettres, ni fur outils
d'artifans, defquels ils ne fe peuvent aucunement
paffer en travaillant de leur métier, & faifant leur
ouvrage, ni fur les lits, paillaffes & couvertures
fervans à l'ufage ordinaire des detteurs, fi ce n'eft
qu'il y eût apparence iceux avoir maliciefement
caché les autres meubles, & que interpellés de s'en
purger par ferment, ils euffent refufé de ce faire,
ou bien qu'il n'y eût du tout point d'autres meubles
à exploiter.

ART. XXVII. Si la perquifition defdits meubles

duement faite comme deffus, ils ne fe trouvent être
de telle valeur, qu'ils fuffifent à l'acquit & folution
de ce pourquoi ils auront été exploités, ou bien
qu'il y ait hypotheque fpéciale d'immeubles, ftipulée
par l'obligation, avant la générale de tous meubles
& immeubles, fera procédé à l'exploitation defdits
immeubles, foit fubfidiairement à faute defdits
meubles, foit préalablement à caufe de ladite hypotheque fpéciale, & ce par trois diverfes criées, qui
s'en feront folemnellement de quinzaine à autre ;
à la premiere defquelles le Sergent qui les publiera,
devra déclarer fpécifiquement & par le menu, la
fituation du lieu, tenans & aboutiffans de l'immeuble par lui mis en criée, comme auffi la mife à
prix d'icelui, & ce hautement, à jour de marché
ou de l'Audience des caufes du lieu où il fe trouvera affis & fitué ; & de plus, donnera un billet
au Curé ou Vicaire dudit lieu, pour faire à chacune
defdites quinzaines la même publication au prône
de la Meffe paroiffiale de fon Eglife, & en atta-
chera une pareille au portail d'icelle Eglife.

ART. XXVIII. Si toutefois lefdites criées fe font
de fucceffions, fief & droits feigneuriaux, fuffira
de faifir ou déclarer, en faifant icelles, le manoir
ou piece principale d'iceux, avec leurs dépendances, & en termes généraux ; & s'en feront les
criées (comme de toutes autres pourfuivies au
Bailliage) ès villes du Siége où elles feront auffi
pourfuivies, & au lieu particulier de la fituation
des chofes ainfi mifes en criées.

ART. XXIX. Si lefdites criées fe font de plufieurs pieces fituées en diverfes Jurifdictions &
Seigneuries, elles devront être chacune publiées &
annoncées ès lieux où les pieces fe trouveront affifes
& fituées.

ART. XXX. Et foit qu'il y ait oppofition ou

non, ne devra pour ce être le cours defdites criées
retardé pendant le procès de l'oppofition ; ains en
fera feulement l'adjudication différée jufques après
la décifion d'icelui , & auquel temps s'en fera une
quatriéme d'abondant , avec notification des jour ,
lieu & heure de l'outrée qui s'en fera , & de quoi
feront biliets dieffés & affichés en public , comme
a été dit ci deffus.

ART XXXI. Ne fera perfonne reçue à encherir
qu'elle ne foit connue folvable ; & fi c'eft un forain,
qu'il n'ait tourné caution fuffifante & refféante au
lieu où fe fera l'enchere.

ART. XXXII. Pourront toutes perfonnes encherir , ou elles mêmes préfentes , ou par Procureurs ,
à la charge qu'aucun ne recevra procuration à cette
fin , qu'il ne fçache celui ou ceux qui lui auront
paflé ladite procuration , être folvables , & ce à
peine d'en être lui-même pourfuivi en fon pur &
privé nom.

ART. XXXIII. Tous héritages criés , feront
adjugés avec leurs charges foncieres & réelles ,
droits & devoirs feigneuriaux, frais & mifes des
criées qui s'en feront. Ne fera néanmoins tenu
l'enchérifleur de payer aucuns arrérages écoulés
avant le tems du décret de fon enchere, fi ce n'eft
que ceux qui les prétendent, fe foient oppofés
pour ce regard à icelles, il ait été dit par l'adjudication du décret; & fauf à eux leur recours pour
lefdits arrérages, contre les detteurs d'iceux.

ART. XXXIV. Et font ici charges foncieres &
réelles entendues, celles qui font dues par afcenfement, & à autre titre que de conftitution à prix
d'argent.

ART. XXXV. Lefdites criées, fubhaftations,
ventes & adjudications ainfi faites folemnellement,
fitôt que l'enchérifleur aura fatisfait au prix de fon

enchere (qui fera pour le plus tard dans le mois
d'icelle) & que le décret lui en aura été octroyé,
il fera mis en poffeffion des chofes adjugées, &
y maintenu par autorité de Juftice, nonobftant
qu'autres créditeurs domiciliés au même Bailliage,
viennent par après à en faire inftance au contraire,
& fuffent-ils premiers en date que ceux à requête
de qui auront été lefdites criées faites & décretées.

ART. XXXVI. Si toutefois lefdits créditeurs
font réfidens hors le Bailliage, ou ailleurs, hors
la fouveraineté, & prétendent, comme prieurs
en date à ceux qui auront fait fubhafter lefdits
héritages, qu'ils font outrés à moins que de leur
jufte prix, en faifant ferment qu'ils n'ont rien fu
defdites criées, ni eû aucune intelligence avec le
detteur ou autre, pour puis après traverfer l'enchériffeur en la jouiffance de la chofe à lui outrée,
en ce cas, & qu'il ne refte aucun bien de leur
detteur, fur lequel ils puiffent recouvrer leurs
dettes; feront reçus dans l'an à les faire de nouveau
méttre en criées, fi bon leur femble, & ce en
refondant à l'enchériffeur au préalable, les dépens
de fon enchere, avec les impenfes & réparations
utiles & néceffaires, fi aucunes il en a faites.

ART. XXXVII. Les fentences qui viendront dé
l'hôtel de SON ALTESSE, feront exécutées felon
leur teneur, par les Juges dont on aura premiérement été appellé, fans qu'ils puiffent recevoir la
partie condamnée à faits nouveaux par oppofition,
ni donner fentence au contraire de celles qui auront
été rendues en l'hôtel de fadite Alteffe, par Meffieurs de la Nobleffe.

TITRE X.

Des Plaintes.

Aʀᴛɪᴄʟᴇ Pʀᴇᴍɪᴇʀ.

Ès plaintes de Justice, l'impétrant sera tenu fournir six francs comptant, & donner caution pour autre somme de vingt cinq francs, s'il n'aime mieux les consigner ès mains des Gens de Justice dont est plainte ; & sur laquelle somme de vingt-cinq francs, le prendront dix francs pour l'amende du Seigneur de ladite Justice, dix autres francs pour icelle, & cinq pour la partie. Et sera loisible aux sujets de roture, de former ladite plainte au Seigneur haut-justicier des Juges qui s'auront grevé par leur sentence, en fournissant de deniers, comme dit est. Et s'il n'y trouve radresse, pourra former de nouveau sa plainte pardevant lesdits Seigneurs Bailli & de la Noblesse ; où si bon lui semble, dès le commencement former ladite plainte pardevant eux : ne se pourra toutefois former plainte aucune sur incident, à peine de dix francs d'amende pour le Seigneur, & cinq envers la partie.

Cet article est interprété par Ordonnance de feue Sᴏɴ Aʟᴛᴇssᴇ, *du dernier Mars* 1599. *Laquelle Ordonnance se pourra voir à la fin des présentes, & est dit n'avoir été entendu par ledit article la connoissance des plaintes avoir été attribuée aux sieurs de la Noblesse, sur autre plus avant que sur ceux desquels ils ont médiatement ou immédiatement la connoissance des appellations au droit de l'hôtel ; demeurantes les choses comme auparavant pour ce qui touche celles qui se vuident ès buffets.*

Aʀᴛ. II. Que la protestation de plainte une fois faite par la partie, si puis après elle s'en déporte, ou n'en fait la pourfuite dans le tems de quatre femaines, elle fera mulctée de dix francs au profit du Seigneur du lieu, & condamnée envers fa partie à tous dépens, dommages & intérêts, provenant du retardement du procès ; fauf qu'elle pourra renoncer à ladite plainte dans quinzaine après ladite proteftation.

TITRE XI.

Des Dépens, Dommages & Intérêts.

Aʀᴛɪᴄʟᴇ Pʀᴇᴍɪᴇʀ.

Oɴ plaidera déformais à fin de dépens, dommages & intérêts (que l'on dit communément *aux frais du tort*) tant ès Juftices fupérieures qu'inférieures : n'étoit donc que pour certaine bonne & jufte confidération, les Juges trouvaffent qu'ils duffent les compenfer ; fçavoir, pour ce que la partie condamnée aura eu caufe jufte & probable de litiger, & fera fans calomnie ● ès caufes néanmoins où les Procureurs du Prince feront parties principales, foit en demandant ou en défendant, ne fera plaidé (non plus que du paffé) aufdites fins de dépens, dommages & intérêts.

Aʀᴛ. II. Que les Juges ne remettront le taux des dépens préjudiciaux en définitive, fi ce n'eft pour bonne & apparente confidération ; ainfi fe fera icelui fur le champ, afin de retrancher toute occafion d'incidens frivoles & fuperflus.

Aʀᴛ. III. Que chofes jugées feront exécutées en leur principal, encore que les dépens du procès ne foient taxés.

Aʀᴛ. IV. Pourront ceux fur lefquels l'exécution defdites chofes jugées fe fera, fe pourvoir par oppofitions & contredits à icelle, fi le cas y échet ;

& ils voient que faire le doivent par raifon; & ce pardevant les Juges, devant lefquels le procès aura été démené en premiere inftance.

ART. V. Que l'intérêt de la chofe due & répétée en Juftice, commencera à courir au profit du demandeur, dès le jour qu'il aura fourni fa demande; encore qu'autrement il n'ait été par exprès ftipulé, & ce afin que le défendeur ait tant moins d'occafion de tergiverfer, & tirer la caufe en longueur.

RÉGLEMENT

DU Taxe des Honoraires & Vacations, tant des Lieutenans-Généraux & Particuliers, Prévôts, Gruyers, Juges, Subflituts, Avocats, Procureurs, Greffiers, Mayeurs & Sergens, que journées des Parties ès Affifes & Bailliages de Nancy, Vofge & Allemagne.

CHARLES, par la grace de Dieu, Duc de Lorraine, Marchis, Duc de Calabre, Bar, Gueldres, Marquis de Pont à Mouffon, Nommeny, Comte de Provence, Vaudémont, Blamont, Zutphen, &c. A tous qui verront les préfentes, SALUT. Comme l'affemblée des États-Généraux de nos pays, convoqués à notre mandement en ce lieu de Nancy au mois de mars de l'an 1626, entr'autres remontrances à Nous faites par les Eccléfiaftiques & Vaffaux defdits États, ils nous aient fait entendre, qu'encore que feu notre très cher & très-honoré Seigneur & ayeul (qui foit au Ciel) eût ftatué & établi un réglement des falaires & vacations, tant des Lieutenans Généraux & particuliers, Juges, Greffiers, Avocats, Procureurs, Sergens, que pour les journées des parties ès Siéges des Affises & Bailliages de Nancy, Vofge & Allemagne : ils estimoient néanmoins être expédient pour le bien de la Justice, & administration d'icelle, d'apporter quelque changement au réglement desdits salaires, defquels plufieurs fe font difpenfés impunément, fous prétexte de diverfités, différences, variété & mutation d'affaires, qu'une longue fuite de tems auroit depuis apporté : Nous fuppliant a ces caufes très-humblement, qu'il Nous plût vouloir rétablir un nouveau réglement plus conforme à la raifon, faifon & tems préfent : à l'effet de quoi, & après avoir oüi plufieurs Juges, anciens Avocats & Praticiens, ils auroient dreffé & à Nous préfenté certains articles, fur lefquels ledit réglement étant déformais établi, chacun defdits Officiers eût à fe contenir à ce qui feroit par Nous prefcrit, fous telle peine que jugerions raifonnable : fur quoi ayant incliné à ladite fupplication, après avoir fait examiner lefdits articles par plufieurs de nos Confeillers, par Nous députés à la révifion des Coutumes & Réglemens de Juftice, & depuis iceux vus & murement confidérés en notre Confeil : fçavoir faifons, que defirans pourvoir à tous abus & défordres qui fe peuvent gliffer en ladite adminiftration de la Juftice, Nous avons, pour le bien du public, par avis des Gens de notredit Confeil, ordonné, ftatué & établi, & de notre autorité & puiffance fouveraine, ordonnons, ftatuons & établiffons le réglement defdits falaires, comme s'enfuit.

Pour les Lieutenans-Généraux & Particuliers.

Les Lieutenans Généraux & Particuliers auront, comme d'ancienneté, de chacune lettre de Juftice, deux gros, & tiendront regiſtre de celles où il y aura caution & élection de domicile, pour y avoir recours, ſi beſoin fait, & ne prendront leurs Clercs aucun ſalaire.

Pour chacune lettre de commiſſion de vue de lieu, aſſein, enquête, exécution de ſentence ou obligation, & autres ſemblables, auront auſſi, comme d'ancienneté, quatre gros huit deniers, & tiendront regiſtre de celles où il y aura caution & élection de domicile.

Pour octroi de *pareatis*, qu'il conviendra décer-ner ſur la communication de la commiſſion donnée au Procureur Général, ou autre *pareatis* ſimple, & pour toutes dépêches concernant ledit *pareatis*, auront quatre gros.

Pour le droit de conſeing, auront quatre gros par an de chacun cent francs, & ſe payera ledit droit au prorata & à proportion du tems qu'ils en demeureront gardiens & dépoſitaires.

Pour chacune audience de cauſe en ville, auront les Lieutenans Généraux deux francs, & les Lieu-nans Particuliers un franc; & pour enquête en ville, trois francs par demi jour ſans dépens: & s'il eſt beſoin ſe tranſporter hors de la ville, lorſque les parties le requerront, auront huit francs par jour, avec dépens, ſoit pour oüir les parties, informer ou faire autre acte néceſſaire à l'inſtruction des cauſes.

Pour l'octroi d'un ſauve-garde, un franc.

Pour les Prévôts, Gruyers & Maycurs.

Les Prévôt & Gruyer de Nancy auront deux gros pour chacune lettre d'ajournement; & pour chacune commiſſion de vue de lieu, aſſein, enquête, exécution de ſentence & autre ſemblable, quatre

gros

gros huit deniers, & tiendront regiſtre de celle où il y aura caution ou élection de domicile.

Ledit Prévôt aura pour le droit d'un vendage à droit de ville, quatre gros huit deniers.

Ledit Gruyer aura, comme d'ancienneté, ſept gros huit deniers, pour le décret du premier ajournement.

Leſdits Prévôt & Gruyer dudit Nancy, pour vacations à enquête, & autres commiſſions en ville, auront deux francs par demi jour, ſans dépens, & hors de ville, ſix francs par jour, avec dépens.

Les autres Prévôts, Gruyers & Mayeurs ſe contenteront d'un gros huit deniers pour chacun ajournement; trois gros pour la commiſſion, & deux gros pour le *pareatis* ; & pour le droit de conſeing deux gros par an de chacun cent francs, & à proportion du tems qu'iceux en demeureront gardiens : & pour enquête en ville, deux francs par demi jour, ſans dépens, & hors la ville, quatre francs par jour avec dépens, & autant à chacun des autres Juges des Prévôtés & Mairies deſdits Bailliages qui y feront employés.

Pour les Maître-Echevin & Echevins dudit Nancy,
& autres Juges deſdits Bailliages, & Subſtituts
des Procureurs Généraux.

Pour chacune conſtitution de Procureur au regiſtre des fondations, & pour la production d'une procuration, leſdits Juges auront trois gros des particuliers, & des communautés ſix gros.

De chacun ſerment qui ſe prêtera à l'audience, auront deux gros.

Pour chacune vacation de Commiſſaire aux enquêtes, vue de lieu, aſſein, information, audition de bouche, récollement & confrontation,

O

audition de compte, auront en la ville trois francs par demi jour, sans dépens, & soit que ledit Commiffaire faffe une ou plufieurs enquêtes.

Et s'il eft de befoin fe transporter aux champs, aura ledit Commiffaire huit francs par jour, avec dépens.

Les Subftituts de Nancy vacquans efdites commiffions, à l'abfence du Procureur Général, auront autant que l'un defdits Juges en ville & aux champs. Tous autres Subftituts defdits Procureurs Généraux, auront deux francs par demi jour en ville, fans dépens, & aux champs quatre francs par jour, avec dépens.

Pour chacune conclufion concernant l'inftruction des procès criminels que lefdits Subftituts fourniront en l'abfence defdits Procureurs Généraux, auront deux francs; & pour la définitive, quatre francs: comme auffi auront quatre francs pour chacune conclufion à la queftion; le tout quand il y aura partie civile, ou jointe au procès.

Pour chacune Ordonnance & commiffion de prife de corps, & ajournement perfonnel fur la vifion des informations, lefdits Juges auront deux francs.

Pour la vifion des procès que lefdits Maître-Echevin & Echevins de Nancy doivent délibérer, fur les procès criminels inftruits par les Juges de nos Hautes-Juftices, & des Seigneurs Hauts-Jufticiers, auront de chacun avis quatre francs; foit qu'il y ait un ou plufieurs prévenus.

De chacune affignation que lefdits Maître-Echevin & Echevins de Nancy, & autres Juges Bailliagers, audienceront à l'extraordinaire, à la production de la demande; le demandeur ayant déduit fes faits & conclufions verbalement auront deux francs, foit qu'il y ait appointement d'écrire ou non. Et en cas qu'ils admettent les parties à écrire, fera appointé qu'elles rédigeront par écrit leur plaidoyer dans bref délai, ou bien appointeront le défendeur à revenir sur la demande par défenses, répliques & dupliques, selon qu'en l'un & l'autre cas ils y trouveront la matiere disposée ; & vuideront sur le champ tout ce qui se pourra décider, afin que par ce moyen les procès soient abrégés, & les parties soulagées de frais.

Auront aussi lesdits deux francs, lors qu'ils donneront tel appointement que ci dessus, après les fins de non-recevoir, quand ils décideront le fait en son principal, ou rendront interlocutoire portant coup & diffinitive, & non-autrement ; & sera à la liberté des parties de prendre entr'elles appointement au Greffe pour lesdites causes extraordinaires, sans que pour ce soit dû aucun droit pour le Siége.

Ne prendront aucun salaire pour le Siége à la prononciation des Sentences interlocutoires ou diffinitives, à l'ordinaire ou extraordinaire ; ains se contenteront de la division.

Seront les procès instruits & revêtus de leurs pieces, délivrés aux Juges, à la fin de chacune audience, pour être vuidés à la prochaine, ou bien à la suivante ; n'étoit qu'à cause de grande difficulté, ou légitime empêchement, le Jugement en fût remis à la troisieme.

Seront les Sentences aux Siéges ordinaires desdits Bailliages, prononcées le Vendredi de la semaine plaidable, afin que les parties, Avocats ou Procureurs, sçachans le jour, s'y trouvent ; & que par ce moyen les parties ne fassent voyages inutiles ; auquel jour sera octroyé défaut contre les non-comparans. Et en cas qu'aux autres jours lesdits Juges trouvent expédient de prononcer quelques Sentences, faire le pourront. Et si les Avocats &

Procureurs des parties font préfens, feront obligés de procéder : mais s'ils font abfens, ne fera octroyé défaut contre lefdites parties abfentes, demeurant de néceflité à ceux qui auront obtenu gain de caufe, de faire fignifier lefdites Sentences.

Seront obligés lefdits Juges de rendre audit Greffier les procès avant la prononciation defdites Sentences, ou bien dans le jour fuivant pour le plus tard, afin que les parties puiffent fatisfaire aux interlocutoires, & retirer leurs productions ; & à cet effet fera ledit Greffier obligé de les demander audit tems, à peine de tous dépens, dommages & intérêts des parties.

Auront aufli deux gros de chacune affignation qu'ils donneront à l'extraordinaire, ès cas accordés par le réglement quand ils les figneront.

Auront aufli lefdits Maître-Echevin & Echevins de Nancy, & Juges Bailliagers au Siége de Mirecourt, trois francs de chacune appellation qui reffortira pardevant eux des Juftices inférieures ; & tous autres Juges, deux francs, comme d'ancienneté.

Pour le fcel du départ de Cour, auront lefdits Juges Bailliagers de Nancy & Mirecourt trois francs, outre celui qui fe donne judiciairement : ledit franc à partager comme du paffé ; favoir, fix gros pour les Juges, & fix gros au Greffier, & pour la circ vifion un franc, particuliérement audit Maître-Echevin de Nancy.

Pour les Encheres & adjudications fe payera deux francs pour le Siége, & trois gros par cent francs, comme du paffé, le Greffier y prennant fa part comme l'un des Juges.

Pour les adjudications & encheres volontaires faites en vertu de titres d'acquêts, exhibés & reconnus authentiques, ne fe payera que le droit de l'affignation, & trois francs pour le Scel, & rien des trois gros par cent, ci-deffus mentionnés.

Et à l'égard de la vifion des procès civils & criminels qu'ils inftruiront, s'en fera le taux par lefdits Juges de Nancy & Mirecourt, raifonnablement, & à proportion de leur travail & labeur, & fans excès; & fera ledit taux annoté fur la minute defdites Sentences, de la main de celui qui aura préfidé au Jugement; & par le greffier, fur les regiftres & extraits qui en feront levés, afin qu'il en apparoiffe aux parties. Et en cas qu'il s'y rencontre quelque excès, les parties s'en pourront pourvoir vers nous en notre Confeil par la voie de plainte, en confignant dix francs.

Pour les Avocats & Procureurs.

Pour l'exhibition d'une demande, les Avocats & Procureurs auront fix gros.

Pour dreffer ou libeller la lettre d'ajournement, auront un franc.

Pour chacune comparution en affife, un franc, & au Bailliage fix gros.

Pour leur plaidoyé en Jugement contradictoire fur incident aux affifes, deux francs, & au bailliage un franc.

Aux affifes en diffinitive, quatre francs, & au Bailliage deux francs.

Pour la dreffe des intendits aux affifes & au Bailliage, deux francs.

Pour vacations à enquête, affein, vue de lieu, & autres commiffions, foit d'affife ou du Bailliage, auront lefdits Avocats en Ville, trois francs par demi jour fans dépens; & aux champs fix francs par jour, avec dépens.

Les falaires de leurs écritures leur feront alloués à l'arbitrage du Juge, eu égard au travail.

Pour les Greffiers des Affifes.

Pour la requife & enrégiftrement de chacun ajournement, les Greffiers auront trois gros.

Pour l'extrait fervant de commiffion , trois gros.

Pour l'enrégiftrement d'une demande , fix gros.

Pour l'extrait de la demande , fix gros.

Pour chacun acte de la caufe , trois gros.

Et pour l'extrait de chacun acte , trois gros.

Pour l'enrégiftrement & prononciation d'une Sentence rendue en corps d'affifes , foit interlocutoire ou diffinitive , un franc.

Lefdits Greffiers vacquans aux enquêtes, affein , & autres taux & liquidation des dépens, dommages & intérêts , ou autres tels actes efquels ils font commis par le fieur Bailly , auront en Ville deux francs par demi jour fans dépens; & aux champs fix francs par jour avec dépens; & autant à celui qui fera député avec eux, pour vaquer efdites enquêtes & commiffions.

Pour l'expédition des lettres qui fe leveront au Greffe des affifes, fous le nom dudit fieur Bailli , fe payera trois gros.

Pour chacune lettre de commiffion fera payé auxdits Greffiers fix gros.

Pour la communication qu'ils donneront du procès-verbal de l'affein, trois gros.

Pour celle de l'enquête, un franc.

Pour copie de l'enquête, auront un gros pour chacun témoin ; & pour copie du procès-verbal, trois gros.

Pour copie du procès-verbal de chacun affein , fix gros.

Pour chacune appellation qu'ils recevront des Juftices inférieures, auront un franc à prendre dans ce qui fera fourni pour le relief.

Renvoieront au Greffe de l'ordinaire, auffi tôt après l'affife , toutes les appellations vuidées, & en fera mis un rôle par lefdits Greffiers à la porte du Greffe, afin que les parties en foient averties;

& pour ce ne prendront lesdits Greffiers desdites assises & bailliages aucun salaire.

Pour les Greffers desdits Bailliages, Prévôtés & Grueries.

Pour l'enrégistrement de chacune fondation des particuliers, auront six deniers, & des communautés douze deniers.

Pour chacune appellation qu'ils expédieront des Justices inférieures, trois gros. Et de celles qui iront à l'assise, six gros, pour fermer le procès comme du passé.

Auront pour l'enrégistrement d'une demande, actes de jour d'avis, vue de lieu, assein, garant, appointement d'écrire, de produire, & pour Sentences interlocutoires & diffinitives, deux gros de chacun, & autant pour l'extrait. Et pour les actes des productions d'écrits & recharge de l'acte, en les retirant, auront un gros; & moyennant ce, seront tenus & obligés d'avoir des Clercs capables, & qui soient corrects pour le soulagement des Juges & des parties; comme aussi moyennant salaire, seront tenus & obligés de rechercher les pieces nécessaires à l'instruction des procès, & fournir les inventaires, pour les tenir prêts, & les délivrer aux Juges à la fin de l'audience, en laquelle la derniere piéce aura été fournie; à charge qu'en produisant par le demandeur ses dernieres écritures, icelui rapportera l'extrait des actes de la cause, & sans que pour ce les parties soient tenues faire aucun voyage, poursuite ou sollicitation.

Le poursuivant des criées fournira le sac en produisant ses écritures, & déclaration de dépens des criées, & donnera six gros auxdits Greffiers pour leur peine de l'instruction en toutes encheres où il y aura opposition; moyennant quoi, le mois passé,

dans lequel ladite collation doit être inſtruite, délivreront le procès aux Juges, avec l'inventaire, qui
contiendra les obligations, ſelon l'ordre des dettes
d'icelles, & autres piéces du procès, ſans qu'il ſoit
de beſoin d'autre ſollicitation; afin qu'à la prochaine
audience, ou à la ſuivante, leſdits procès puiſſent
être vuidés, & par ce moyen obvié, aux frais que
les parties font pour en ſolliciter le port & diſtri-
bution; & tous les autres créanciers, en fourniſſant
leurs écritures aux frais de ſollicitations, donneront auxdits Greffiers pour l'acte, deux gros.

Pour chacun décret d'aſſignation qu'ils expédieront à l'extraordinaire, quand ils auront l'ordre des
Juges, auront deux gros.

Pour chacune commiſſion d'informer, d'ajourner
perſonnellement, recoller & confronter témoins,
auront ſix gros.

Aux vacations d'enquêtes, d'aſſein, vue de lieu
information, audition de bouche, recollement *de*
~~temoins~~ confection d'inventaires, & autres commiſſions
étant employés avec les Juges, ou l'un d'eux, leſdits
Greffiers des Siéges Bailliagers auront en Ville deux
francs par demi jour ſans dépens, & aux champs
quatre francs par jour avec dépens; & ceux deſdites Prévôtés & Mairies, auront la moitié de ce
qui eſt adjugé aux Juges, avec leſquels ils ſeront
employés.

De chacune audience de cauſe à l'extraordinaire,
ſix gros; & ſeront tenus rendre la requête avec
l'appointement, après qu'ils l'auront enrégiſtrée,
~~comme auſſi bien~~ l'extrait de tous autres actes de la cauſe,
pour leſquels ils ſe contenteront deſdits ſix gros.

Pour la communication de l'enquête donnée à
l'Avocat aux Greffes des Siéges Bailliagers, auront
ſix gros; & en ceux deſdites Prévôtés & Mairies,
trois gros.

                                      Et

Et quand l'Avocat ou la Partie voudra tenir copie de l'enquête & des productions y employées, lesdits Greffiers seront obligés signer ladite copie, & auront un gros pour chacun témoin ; & du procès-verbal de l'enquête, trois gros ; & de celui d'un affein ou vue de lieu, fix gros.

Auront les Greffiers desdits Bailliages, un hui-tieme des trois gros qui se donneront pour chacun cent francs ès encheres des immeubles fubhâtés, & mis en criées à requête des créanciers, comme du paffé ; & quant à celles qui se font volontairement à la requête des acquêteurs de quelque immeuble, pour purger les hypothéques, se contenteront de fix gros pour le Siége, & du droit du départ de Cour ; pour lequel en l'un & l'autre cas, ils auront quatre francs, fi ledit départ de Cour n'eft que d'une feuille entiere de parchemin ; & s'il y convient employer plus d'une feuille pour la prolixité d'icelui auront à raison de deux francs par feuillet fidelle-ment écrit ; à charge de tenir régiftre desdits dé-párts de Cour, lefquels ils ne pourront figner, que la minute n'ait été préalablement reconnue par le Maître-Echevin, ou celui qui fera fa charge en fon abfence, fignée & paraphée de lui ; & s'en fera l'expédition dans la huitaine pour le plus tard. Et à cette fin eft ordonné aux Juges de n'entendre à aucune enchere, que lefdits Greffiers n'aient par devers eux lefdites obligations & titres, avec les exploits des criées, publications, & fignifications; & au cas que ladite expédition ne fera faite par lefdits Greffiers dans ledit tems, les parties pour-ront avoir leurs dépens contre lefdits Greffiers, lefquels donneront ordre que leurs commis, & qu'aucun n'exigent chofe aucune, & qu'ils traitent lefdites parties avec toutes fortes de modeftie, & expedient les affaires en bref, fans prendre aucun

P.

falaire autre que celui accordé ci-deſſus, à peine d'en répondre en leurs purs & privés noms.

Auront la moitié au franc qui ſe donne judiciairement à la réquiſition d'un départ de Cour, ſur procès inſtruit au Siége, quand la Sentence ſe rend au Jugement contradictoire ; & les autres Greffiers deſdites Prévôtés & Mairies, la moitié de ce qui eſt accordé ci-deſſus, aux Greffiers deſdits Bailliages.

Pour les Sergens deſdits Bailliages & Prévôtés.

Les Sergens deſdits Bailliages, allans aux champs, à trois lieues ou plus de leurs demeurances, pour ajournemens ou ſignifications, auront par jour quatre francs.

A une ou deux lieues, pour ajournement ou ſignification, auront trente gros.

Pour faire une exécution hors de Ville, avec inventaire & déplacement de meubles, auront par jour quatre francs, & à proportion du tems qu'ils y auront employé utilement, de quoi ils chargeront les procès-verbaux de l'exploit ; & quand le detteur exécuté donnera acquêteur de gages ſuffiſant & ſolvable, auront leſdits Sergens, comme pour un ſimple exploit d'ajournement ou ſignification.

En ville, de chacun exploit d'exécution, avec déplacement de meubles & inventaire, un franc ſix gros.

De chacun exploit d'aſſignation en Ville, quatre gros.

De chacun témoin qu'ils ajourneront en Ville, deux gros.

Les Sergens de Prévôté, de chacun exploit d'exécution en Ville, avec déplacement de meubles, auront un franc.

De chacune aſſignation & ſignification en Ville, trois gros, & de chacun témoin un gros huit deniers.

Pour l'exploit exécutant un ajournement personnel en Ville, six gros.

Pour un emprisonnement & capture, & pour la force de l'assistance, trois francs.

Pour les recors, lesquels se devront prendre au lieu, si faire se peut, sera donné à chacun d'iceux trois gros; & aux Sergens pour leurs copies; savoir, au Bailliage, à raison de quatre gros la feuille entiere fidellement écrite, & à la Prévôté, trois gros; & si lesdites copies ne font d'une feuille entiere, auront à proportion. Et moyennant ledit salaire, feront tenus & obligés de donner copies de leurs commissions & exploits aux exécutés ou adjournés, à peine de nullité, & d'amende de dix francs, dommages & intérêts, encore que lesdites copies ne soient demandées; & sauf aux parties leur recours contre lesdits Sergens.

Les Sergens de Baillifs allant aux champs avec les Juges, ou l'un d'eux, lors qu'ils feront requis par le produisant, & qu'il sera nécessaire, auront par jour deux francs six gros, avec dépens.

Pour la publication d'un défaut auxdits Siéges Bailliagers, lesdits Sergens auront deux gros.

Tout ce que dessus accordé, pourvu qu'ils ne fassent qu'un exploit aux champs par jour; & s'ils en font deux ou plusieurs, ne pourront prendre pour tous lesdits exploits que le salaire ci-dessus, & annoteront sur chacun exploit ce qu'ils auront reçu, par moitié, & à proportion de leurs vacations.

Pour les Parties.

Pour les voyages & séjour des parties, qui feront jugés nécessaires par les Juges, ne sera taxé au Marquis & Comtes, qu'à raison de quatre chevaux, & de cinq francs pour chacun homme de cheval.

Aux Prélats & Gentilshommes de l'ancienne Chevalerie , qu'à raison de trois chevaux.

Aux Ecclésiastiques qui ont dignités, & autres Gentilshommes & Nobles , qu'à raison de deux chevaux.

Aux autres Ecclésiastiques, Officiers de Princes, de Prélats, de Gentilshommes, & autres personnes qui ont accoutumé aller à cheval , soit à cause de leur vieillesse & caducité , soit pour leurs moyens, qu'à raison d'un cheval, & pour ce leur sera alloué six francs par jour.

Aux Mayeurs, Gens de Justice, Officiers & Tabellions qui iront à pied , trois francs par jour.

Aux autres qui n'ont cette qualité , deux francs, sauf néanmoins à modérer par occasion.

A celui qui apportera une Procuration , deux francs par jour , sauf à modérer à l'arbitrage du Juge.

Pour la façon de ladite procuration , un franc.

VOULONS & très - expressément enjoignons auxdits Lieutenans-Généraux & Particuliers, Prévôts , Gruyers , Juges , Substituts , Mayeurs , Greffiers , Avocats , Sergens , & leurs Successeurs esdits Offices , & à chacun d'eux ; en tant qu'à lui touchera, de se conformer audit réglement , nonobstant tous autres réglemens précédens, & le suivre & observer, le faire suivre & observer étroitement & inviolablement , sans y contrevenir ni excéder directement ou indirectement , à telle peine que de droit. MANDONS pareillement , & ordonnons à nos très-chers & féaux les Baillifs de Nancy, Vosges & Allemagne, de faire promptement publier & enrégistrer ledit réglement esdits Siéges des Assises , & auditoires desdits Bailliages, à jours ordinaires plaidables , à ce qu'aucun n'en prétende cause d'ignorance, & tenir la bonne main chacun en son endroit à l'exécution dudit réglement ; nous réservans néanmoins d'y changer, ajouter ou diminuer toutes & quantes fois que bon nous semblera. Et d'autant qu'à plusieurs besoin sera d'avoir connoissance dudit réglement, voulons qu'au *Vidimus* des présentes foi soit ajoûtée comme à l'Original ; car ainsi nous plaît. En témoin de quoi Nous avons aux présentes signées de notre main, contre-signées par l'un de nos Secrétaires d'Etat, Commandemens & Finances, fait mettre & apposer notre cachet secret. Données en notre Ville de Nancy, le premier jour d'Août mil six cent vingt-huit.

Ainsi signé, CHARLES. *Et plus bas.* SON ALTESSE.

Les sieurs de Lénoncourt, Primat de Lorraine ; de Mitry, de Gournay, Sénéchal de Lorraine ; de Tantonville ; de Gournay de Secourt ; de Tantonville, Grand-Prévôt de Saint Diey ; Liégois, Baillivy, Prudhomme, Bourgeois, eux trois Maîtres des Requêtes ordinaires ; le Prêtre, Collignon, J. Perrin, F. Perrein, aussi Maîtres desdites Requêtes ; Friant, Rouyer, & autres, présens.

Et pour Secrétaire, C. JANIN

ORDONNANCE

DE SON ALTESSE,

Sur la remontrance faite par Messieurs de ses Etats à la publication, tant des Coutumes anciennes & nouvelles, que des Stiles, Formalités & Réglement du Taux des Juges, Procureurs & autres Ministres de Justice.

CHARLES, par la Grace de Dieu, Duc de Calabre, Lorraine, Bar, Gueldres, Marchis, Marquis du Pont-à-Mousson, Comte de Provence, Vaudémont, Blamont, Zutphen, &c. A nos très-chers & féaux Conseillers d'Etat les Baillifs de Nancy, Vosges & Allemagne, & à chacun d'eux, SALUT. Les gens de nos Etats ayant mis la derniere main au Recueil en écrit des Coutumes générales sous lesquels ils auront trouvé les Sujets, Terres, Seigneuries & Lieux ressortissans à vos Bailliages avoir été d'ancienneté jusques à lui, & pouvoir être à l'avenir régis & gouvernés au fait de la Justice, & la distribution d'icelle y faite : dressé aussi certaines formes avec lesquelles ils ont pensé les procédures en Justice pouvoir & devoir y être démenées & instruites ; même avisé à une plus certaine détermination des salaires des Juges, & autres Officiers & Ministres d'icelle, qu'il n'auroit encore été fait ; afin que de là les dépens qui s'adjugeront esdits procès, puissent être plus certainement & raisonnablement taxés ; & Nous ayant le tout présenté, Nous ont de suite supplié qu'il nous plût en ordonner la publication, & que les Juges, tant supérieurs desdits Bailliages qu'inférieurs, des districts & ressorts d'iceux, ne donneront Sentences contraires auxdites Coutumes anciennes, ni aux nouvelles par Nous homologuées ; ne recevront ni observeront Stiles ou formalités repugnantes auxdites mises en écrit ; n'exigeront ceux des Siéges desdits Bailliages ni permettront en leurs Siéges être exigé & pris salaires excédans le taux du réglement y porté : à peine aux contrevenans d'en demeurer à tous dépens, dommages & intérêts ; & que le tout desdites Coutumes, tant vieilles que nouvelles, formalités de Justice, & abus desdits salaires & dépens, sera à ces fins enrégistré aux Greffes de chacun desdits Bailliages, pour y avoir recours, ainsi que le contient plus particuliérement ladite supplication mise à la fin dudit cahier desdites formalités : savoir faisons, que Nous ayant égard à icelle, & qu'elle ne tend qu'à un apparent bien public ; le tout vu & consideré, Nous vous mandons que jours après autres, & aux premieres & plus prochaines audiences de vos causes ordinaires, vous fassiez publier lesdites coutumes vieilles & nouvelles, forme & stile de l'instruction des procédures en Justice, & taux desdits salaires ; & le tout inscrire ès Greffes de chacun Bailliage, pour par occurrence y avoir recours. Voulons & nous plaît, & ainsi l'ordonnons & l'enjoignons expressément, tant aux Juges supérieurs de chacun desdits Bailliages, qu'inférieurs des lieux de leur ressort, & tous autres qu'il peut & doit toucher, que dès le jour de ladite publication en avant, ils suivent & observent le tout étroitement, sans permettre y être contrevenu, ni fait chose ou donné Jugement au contraire. Et pour ce que la diversité, différence & variété des Coutumes particulieres qui ont été jusqu'ici observées en plusieurs lieux, & la con-

trariété d'icelles aux générales, ont apporté le plus
souvent causes, matieres & argumens de procès,
d'où les parties se sont trouvées presque ordinairement constituées en très-grands & excessifs frais ;
Nous avons, suivant ladite supplication, déclaré
& déclarons, que toutes coutumes particuliéres,
locales, & autres que lesdites générales écrites,
demeureront dorénavant, & dès les jours desdites
publications, abrogées, nulles & anéanties, &
seront en tous cas lesdites écrites suivies, pourvû
toutefois qu'auparavant le droit n'en soit échû &
acquis ; auquel cas nous n'entendons ni voulons
aucunement être par ce préjudicié à ceux à qui le
droit seroit jà ainsi acquis : & que si procès s'en in-
tenteroit depuis même lesdites publications, il ne
doive être jugé au réglement desdites coutumes particulieres, ou de ce qui se trouveroit en avoir été
auparavant observé, & d'où le droit seroit avenu
& acquis à l'une ou l'autre des parties conten-
dantes ; mais autrement pour ce qu'écherra depuis
le jour desdites publications, tout de même que
Nous l'aurions jà ordonné à l'égard desdites nouvelles homologuées ; Nous avons le tout d'autres
coutumes, stiles, formalités & réglement de salaires (que ce que s'en trouvera ainsi par écrit)
abrogé & abrogeons ; sauf toutefois pour les
douaires aux hommes sur les biens de leurs femmes
défuntes, usufruit au survivant de deux conjoints
ès acquêts de leur communauté où il s'est accoutumé
& autres qui peuvent être expressément réservées
au cahier desdites auciennes, si aucunes en y a de
réservées ou confirmées par exprès, non autrement
ni plus avant. Et pour ce que depuis la conclusion
desdites Coutumes, stile & formalités en l'état du
14 Mars 1594, elles auroient été revues, corrigées,
& l'ordre changé en aucuns endroits par les à ce
commis de notre part & desdits états sur ce assem-

blés à diverses fois, & que néanmoins plusieurs exemplaires dès lors de ladite conclusion en pourroient avoir été délivrés avant ladite révision, correction & changement; afin de couper chemin aux difficultés qu'en pourroient sourdre, Nous avons ordonné en être mis sous la presse, & ceux qui en pourront être extraits, sont ceux (non autres) que Nous entendons être reçus, & leur texte & contenu suivi.

Si vous mandons, & à vos Lieutenans, Juges, Procureurs-Généraux ou leurs Substituts, Greffiers & Clercs-Jurés, Avocats, Procureurs, particuliers, Sergens, & tous autres qu'il écherra, que cette présente notre déclaration, volonté, & intention, & lesdites Coutumes, stile formalités & réglement de dépense enrégistrés, ils suivent & observent, fassent suivre & observer sérieusement & expressément, comme chose ainsi duement faite, statuée, consentie & approuvée: car ainsi nous plaît En foi & témoignage de quoi Nous avons à ces présentes signées de notre main propre, fait mettre & apposer notre Scel secret en placart. Données en notre Ville de Nancy, le premier jour de Juin mil cinq cent quatre-vingt quinze.

Ainsi signé, CHARLES. *Et plus bas* par Monseigneur LE DUC, &c.

Lesfieurs Comte de Salm, Maréchal de Lorraine, & Gouverneur de Nancy; de Baffompierre Grand-Maître & chef des Finances; de Cournay Bailly de Nancy; de Mailhane Gouverneur de Toul; de Mondreville; Maimbourg, Maître aux requêtes; Vincent Tréforier-Général; G. de Châtenoy; Bardin Maîtres aux Requêtes, & de Malvoifin, présens.

Cachetées en plancart du Scel secret de SON ALTESSE, sur cire vermeille. *M.* BOUVET.

NOUVELLES
DISPOSITIONS

ET interprétation de la Coutume de Lorraine, depuis le regne de S. A. R. LEOPOLD I.

ORDONNANCE

DE SON ALTESSE ROYALE,

Pour réprimer les avantages immodérés des secondes Nôces.

Vérifiée en la Cour le 12 Novembre 1711.

LEOPOLD, par la grace de Dieu, Duc de Lorraine, de Bar & de Montferrat, Roi de Jérusalem, Marchis, Duc de Calabre & de Gueldres, Marquis de Pont-à-Mousson & de Nommeny, Comte de Provence, Vaudémont, Blamont, Zutphen, Sarwerden, Salm, Falkenstein, Prince Souverain d'Arches, & Charleville, &c. A tous présens & avenir, SALUT. Comme le Mariage tire son institution du droit divin & du droit naturel, & qu'il est le fondement de la société civile; les Loix humaines en ont embrassé la protection avec justice : mais les secondes Nôces n'étant pas favorables à certains égards, les Loix Romaines avoient flétri par des peines rigoureuses les femmes qui se remarieroient dans l'année du deuil, & réprimé par des sages précautions les libéralités indiscretes des unes & des autres envers leurs seconds maris. Le

Droit Canonique touché par des considérations plus
importantes, rendit l'honneur aux secondes nôces,
en conservant la distinction qui étoit dûe aux premieres ; & quoique les Nations Chrétiennes presque toutes se soient conformées à cette disposition,
la plupart n'ont pas laissé de retenir ou de renouveller celle du droit Romain, pour limiter les
avantages par le moyen desquels les personnes qui
se remarient se procurent de nouveaux engagemens
aux dépens de la fortune du premier, & pour empêcher que les bienfaits de la partie prédécédée
en faveur du survivant, ne passent dans une famille
étrangere, au mépris de l'ancien amour conjugal
enseveli avec le défunt, & au préjudice des premiers enfans. La prévoyance judicieuse de ces Loix
n'a pas encore été pratiquée dans nos Etats, dont
les Coutumes & les usages n'ont pourvû qu'impar-
faitement à la conservation des Droits des enfans
du premier lit, contre la licence des secondes affec-
tions ; ce qui a produit beaucoup de désordres dans
les familles, dont nous avons reçu de fréquentes
plaintes, qui Nous obligent d'y remédier, en éta-
blissant parmi nos sujets une Jurisprudence également équitable & salutaire. A CES CAUSES, de
l'avis de notre Conseil, & de notre certaine science,
pleine puissance, & autorité souveraine, Nous avons
dit, déclaré, statué & ordonné, disons, déclarons,
statuons & ordonnons, voulons & Nous plaît, que
dorénavant ceux de nos Sujets, soit hommes ou
femmes, qui ayant des enfans d'un lit précédent,
ou des petits enfans en provenans, viendront à se
marier, ne pourront avantager directement ou indirectement leurs autres Maris ou Femmes, les
pere, mere, ou enfans d'iceux, ou autres personnes
interposées par fraude, ni leur donner, soit par
contrat de mariage, testament, donation entre-vifs,

ou à caufe de mort, ou par quelqu'autre acte que
ce puisse être, deniers comptans, dettes actives,
immeubles, ou quelques autres effets que se puisse
être à eux appartenans, & d'où ils puissent procéder, plus outre ni audelà de la portion qui appartiendra à celui de leurs enfans du premier lit qui
prendra le moins en leur succession, soit *ab intestat*, soit en vertu de disposition par eux faite
en leur faveur; & en cas de contravention,
l'excédent desdits avantages sera réduit à ladite
portion du moins prenant desdits enfans. Voulons
aussi que la propriété de tous les avantages ou dif-
positions qui auront été faites par la partie prédé-
cedée au profit du survivant, soit par contrat de mariage, testament, ou autre acte entre-vifs, ou à
caufe de mort, demeure réfervée de plein droit,
au point de la célébration du second mariage, aux
enfans du premier lit, sauf l'ufufruit au furvivant,
qui ne pourra en difpoler directement, ou indirectement, pour quelque caufe & occafion que ce
foit, finon au cas que tous lefdits enfans viendroient
à déceder avant le furvivant; auquel cas la propriété des mêmes avantages retournera de plein
droit audit furvivant, avec réunion dudit ufufruit,
pour en difpoler comme bon lui femblera. N'entendons néanmoins déroger aux Coutumes de nos
pays, en ce que dans certains cas elles reftreindroient
davantage la liberté des perfonnes qui fe remarient.
Voulons à cet égard qu'elles foient exécutées en
ce préfent Édit. SI DONNONS EN MANDE-
MENT à nos très-chers & féaux les Préfidens,
Confeillers, & Gens tenans notre Cour Souveraine
de Lorraine & Barrois, & à tous autres nos Officiers, Jufticiers, Hommes & Sujets qu'il appartiendra, que ces préfentes ils faffent lire, publier
& regiftrer, & leur contenu exécuter de point en

point felon leur forme & teneur, non-obftant toutes Ordonnances, Coutumes, Arrêts & réglemens contraires, auxquels nous avons déroge & dérogeons à cet égard feulement; ceffant & faifant ceffer tous troubles & empêchemens au contraire. CAR AINSI NOUS PLAÎT. En foi de quoi nous avons auxdites préfentes, fignées de notre main, & contrefignées par l'un de nos Confeillers-Secretaires d'État, Commandemens & Finances, fait mettre & appendre notre grand Scel. DONNÉ en notre Ville de Lunéville le vingt-deuxieme jour du mois de Septembre 1711.

Signé LEOPOLD. *Et plus bas*, par S. A. R. OLIVIER, *pro* LABBÉ. *Regiftrata*, D. PIERRE, *pro* G. PERRIN.

Lûe, publiée, l'audience publique tenante, ouï & ce requérant le Procureur général: ordonné qu'elle fera regiftrée, pour être fuivie & exécutée felon fa forme & teneur; & qu'à fa diligence copies duement collationnées feront envoyées dans tous les Bailliages & Siéges reffortiffans nuement à la Cour, pour y être pareillement lue, publiée, fuivie, exécutée & regiftrée: enjoint aux Subftituts de chacun defdits lieux de tenir la main à l'exécution d'icelle, & a'en certifier la Cour au mois. Fait en la grande Salle du Palais, le 12 novembre 1711.

Signé VAULTRIN.

EDIT DE SON ALTESSE ROYALE,

Pour l'infinuation des Donations entre-vifs, fubftitutions, &c.

Vérifié en la Cour Souveraine le 22 Décembre 1718.

LEOPOLD, par la grace Dieu, Duc de Lorraine, de Bar & de Monferrat, Roi de Jérufalem, Marchis, Duc de Calabre & de Gueldres,

Marquis de Pont-à-Mouffon & de Mommeny, Comte de Provence , Vaudemont , Blamont , Zutphen , Sarwerden , Salm , Falkenftein , Prince Souverain d'Arches & Charleville , &c. A tous préfens & à venir, SALUT. L'incertitude où l'on eft de l'état de la fortune des particuliers, donnant occafion à des fraudes qui intéreffent fenfiblement la fociété civile , Nous avons eftimé qu'il étoit de notre prévoyauce d'y remédier. Le poffeffeur d'un bien en eft aifément préfumé le propriétaire, furtout lorfque les actes par lefquels il s'eft dépouillé de la propriété , ou qui ne lui ont acquis que l'ufufruit de ce bien , demeurent dans le fecret : cependant par une mauvaife foi auffi commune qu'intolérable , il engage & hypothéque ce qui ne lui appartient pas, & abufant de la crédulité de celui qui acquiert de lui, ou qui lui prête fes deniers, il le plonge fouvent dans une ruine inévitable. Nous croyons devoir faire fur cela une Loi générale dans nos Etats, & introduire les fages précautions que le Droit écrit, & l'ufage des Etats bien policés ont introduit en pareil cas. Nous y ajouterons même ce qui nous a paru pouvoir prévenir, ou éloigner les difficultés qu'on a vu plufieurs fois agitées fur cette matiere, afin de ne rien omettre de ce qui peut affurer la tranquillité de nos fujets, qui fait l'objet principal de nos foins. A CES CAUSES, & autres bonnes confidérations à ce Nous mouvant, de notre certaine fcience, pleine puiffance & autorité fouveraine, Nous avons par le préfent Edit perpétuel & irrévocable, dit , ftatué & ordonné, difons, ftatuons & ordonnons, voulons & Nous plaît :

ARTICLE PREMIER.

Que dorénavant toutes donations d'immeubles

faites entre-vifs , donations mutuelles , réciproques
ou onéreuses en faveur du mariage , & toutes
autres , en quelque forme & de quelque qualité
qu'elles soient , seront publiées en Jugement au
jour de la plaidoirie , & enregistrées ès Greffes de
nos Jurisdictions & Siéges dans le territoire desquels les donateurs ont leur domicile , & encore où
chacune des choses données seront assises , si ce
sont biens séparés ; mais en cas de biens unis par
féodalité , ou autrement , lesdites publications &
enregistremens seront faits au Siége du principal
manoir & chef-lieu , dont le surplus desdits biens
dépend , ensorte néanmoins que les publications &
enregistremens des dispositions des biens féodaux ,
seront faits en nos Bailliages & Siéges Bailliagers ,
& des biens roturiers en nos Prévôtés & Siéges
inférieurs.

Art. II. Toutes substitutions fidéi-commissaires ,
par quelques actes qu'elles puissent être faites , soit
entre-vifs ou à cause de mort , seront pareillement
publiées & enregistrées ès Siéges dans le territoire
desquels les choses seront assises , & où ceux qui
auront fait lesdites substitutions auront leur domicile , en distinguant , comme en l'article précédent ,
les biens féodaux de ceux de roture.

Art. III. Toutes ventes, cessions ou délaissemens
de propriété d'immeubles , faits avec clause de
retention d'usufruit par les vendeurs cédans ou
délaissans , seront également publiées & registrées
esdits Siéges , dans le ressort desquels lesdits biens
vendus , cédés & délaissés seront situés , & où les
vendeurs cédans & délaissans auront leur domicile.

Art. IV. Toutes institutions contractuelles d'héritiers , & donations faites entre-vifs d'universalité
de meubles ou d'usufruit d'immeubles , de pension
& rente viagere , ou autres sommes spécialement

affectées sur immeubles, seront aussi publiées &
regiftrées en nos Siéges, sous lesquels les instituans
& donateurs auront leurs domiciles.

ART. V. Les donations ou dispositions à cause
de mort, non contenant clauses de fidéi-commis,
non plus que les donations à cause de nôces, faites
par peres & meres , & autres ascendans, sans clause
de retention d'usufruit, ne seront sujettes à la publication & enregistrement.

ART. VI. Seront faites lesdites publications &
enregistremens à peine de nullité desdites donations,
substitutions , & autres actes ci-dessus énoncés,
sans qu'ils puissent être opposés aux créanciers &
tiers détenteurs, ni même à l'héritier du donateur,
pour les biens situés dans le ressort des Siéges où
les publications & enregistremens n'auront pas été
faits; laquelle nullité aura lieu contre toutes personnes indistinctement, sauf le recours des mineurs
& autres qui sont en puissance d'autrui contre leurs
tuteurs & autres administrateurs de leurs biens; &
ne pourront lesdites publications & enregistremens
être suppléés par aucun acte équipolent , quand
bien même on prétendroit que lesdits créanciers ,
tiers détenteurs ou héritiers auroient eu ou pu
avoir connoissance des donations & substitutions
par autres voies.

ART. VII. La nullité prononcée en l'article précédent, ne pourra servir ni être alléguée par les
donateurs, substituans, vendeurs, cédans & délaissans, ni même par les héritiers du tuteur, mari,
ou autre administrateur des biens du donataire de
l'institué & substitué, qui auroit dû faire faire lesdites
publications & enregistremens.

ART. VIII. La même nullité à l'égard des substitutions ne pourra aussi servir ni être alléguée par
l'héritier institué & ses représentans, contre les
substitués ;

fubſtitués, ni par les premiers fubſtitués & leurs repréſentans contre les ſeconds, & ainſi ſucceſſivement ſelon les degrés qui ſeront établis eſdites fubſtitutions, ſauf leur recours contre l'inſtitué, ou les fubſtitués qui auroient obmis de faire faire leſdites publications & enregiſtremens, & qui auroient intermédiairement aliéné ou hypothéqué les biens fubſtitués.

Art. IX. Leſdites publications & enregiſtremens ſeront faits, tant entre préſens qu'abſens, pour les actes entre-vifs, dans les quatre mois du jour & date d'iceux; & pour les fubſtitutions faites par acte à cauſe de mort, dans les quatre mois du jour du décès des fubſtituans, ſans préjudice néanmoins des droits des créanciers & tiers détenteurs, qui auroient contracté dans les tems intermédiaires d'entre les diſpoſitions ſuſdites & leſdites publications & enregiſtremens.

Art. X. Permettons néanmoins de faire leſdites publications & enregiſtremens, après les quatre mois de la date des actes entre-vifs, pourvu que ce ſoit du vivant des donateurs & donataires, & des autres parties contractantes; auquel cas elles vaudront contre leurs héritiers ſeulement, & non contre leſdits créanciers & tiers détenteurs intermédiaires, qui auroient contracté depuis la date deſdits actes juſqu'à leur publication & enregiſtrement. Si donnons en mandement à nos très-chers & féaux les Préſidens, Conſeillers & Gens tenans notre Cour ſouveraine de Lorraine & Barrois; & à tous autres nos Officiers, Juſticiers, hommes & ſujets qu'il appartiendra, que notre préſent édit ils faſſent lire, publier, regiſtrer & afficher par-tout où beſoin ſera, à ce que perſonne n'en ignore, & le contenu en icelui garder & faire obſerver de point en point ſelon ſa forme & teneur,

Q

cessant & faisant cesser tous troubles & empêchemens, nonobstant tous édits , déclarations, coutumes , & autres choses à ce contraires, auxquelles
Nous avons dérogé & dérogeons par ces présentes :
car ainsi Nous plaît. En foi de quoi Nous avons
auxdites présentes signées de notre main , & contre-
signées par l'un de nos Conseillers Secrétaires d'Etat,
Commandemens & Finances , fait mettre & appendre notre grand scel. DONNÉ en notre ville de
Lunéville le 13 décembre 1718.

Signé LEOPOLD. *Et plus bas,* par Son
Altesse Royale , S. M. LABBÉ. *Registrata*
TALLANGE.

Lu , publié & registré , oüi & ce requérant le
Procureur Général de S. A R. pour être gardé ,
observé & exécuté selon sa forme & teneur : ordonné
que copies duement collationnées seront incessam-
ment envoyées dans tous les Bailliages & autres
Siéges ressortissans nuement à la Cour, pour y être
pareillement lu , publié , registré , gardé , observé
& exécuté. Enjoint aux Substituts dudit Procureur
Général de S. A. R. sur les lieux , d'y tenir la
main , & d'en certifier la Cour au mois. Fait à
Nancy à l'audience publique tenante , le jeudi 22.
décembre 1718. Signé LAMEL.

ÉDIT DE SON ALTESSE ROYALE,

Servant de Réglement en matiere de Retrait Lignager.

Vérifié à la Cour le 15 Mars 1723.

LEOPOLD , par la grace de Dieu, Duc de
Lorraine, de Bar, de Montferrat & de Teschen,
Roi de Jérusalem , Marchis, Duc Calabre & de

Gueldres, Marquis de Pont-à-Mouſſon & de Nommeny, Comte de Provence, Vaudémont, Blamont, Zutphen, Sarwerden, Salm, Falkenſtein, Prince Souverain d'Arches & Charleville, &c. A tous préſens & à venir, SALUT. La matiere des retraits lignagers eſt une de celles du droit coutumier, qui cauſe le plus de difficultés. Les formalités ſcrupuleuſes que certaines Coutumes y ont introduites, tandis que la facilité autoriſée dans d'autres de ſe préſenter au retrait, en offrant ſimplement une piece d'or & une piece d'argent, pour retirer un bien vendu à quelque prix que ce ſoit, ſemblent être autant de piéges tendus aux lignagers & aux acquéreurs. La grande difficulté de prouver, comme quelques Coutumes l'exigent, que l'on eſt deſcendu du premier acquéreur du bien qu'on veut retirer, & l'affectation qu'on a ſouvent de contracter hors du lieu de ſa réſidence, pour dérober aux parens la connoiſſance de la vente, ſont autant de moyens de frauder le retrait ; pendant que la liberté d'une Coutume ſinguliere accorde de retirer les ſimples acquêts, multiplie les retraits, contre les principes de leur inſtitution originaire, qui n'a eu pour but que la conſervation dans les familles, des biens qu'une longue poſſeſſion de pere en fils y a rendus héréditaires & patrimoniaux. Ces conſidérations Nous portent, en faiſant une regle uniforme dans nos Etats à empêcher les retraits abuſifs, & à faciliter ceux qui ſont légitimes ; afin de remédier aux inconvéniens qui ont été juſqu'à préſent une ſource intariſſable de procès. A CES CAUSES, & autres à ce Nous mouvant, la matiere miſe en délibération en notre Conſeil, de l'avis des Gens d'icelui, & de notre certaine ſcience, pleine puiſſance & autorité ſouveraine, Nous avons par le préſent Edit perpétuel & irrévocable, dit, ſtatué & ordonné,

Q ij

difons, ftatuons & ordonnons, voulons & Nous plaît :

ARTICLE PREMIER.

Que fi dorénavant aucun vend fon bien immeuble de ligne, ou s'il eft adjugé par décret de Juge à perfonne étrangere de la ligne, du côté de laquelle ledit bien lui eft obvenu ; le lignager du vendeur, ou de la partie faifie, du côté d'où meut ledit bien, puiffe dans l'an & jour en exercer le retrait.

Art. II. Mais n'aura lieu ledit retrait pour vente de biens acquis par le vendeur, ou par la partie faifie, fi l'acquêt n'a été fait en ligne.

Art. III. Suffira pour exercer le retrait des biens de ligne, que le retrayant foit parent du vendeur, ou de celui fur lequel on aura décrété, du côté d'où provient l'immeuble, fans qu'il foit néceffaire d'être defcendu du premier acquéreur ; & fans que le lignager plus éloigné puiffe être exclu par le plus prochain, s'ils ne fe trouvent concurrens audit retrait, & ne fe préfentent à icelui en même jour.

Art. IV. L'an & jour ne commencera à courir en cas de vente volontaire, que du jour que l'acquéreur aura pris poffeffion réelle en la forme ci-après ; & en cas d'adjudication forcée, que quinzaine après ladite adjudication, pendant laquelle quinzaine le débiteur pourra racheter le bien fur lui décrété, fans qu'audit cas d'adjudication forcée, il foit néceffaire d'aucun acte de prife de poffeffion.

Art. V. La mife en poffeffion, audit cas de vente volontaire, fera faite, pour les biens fiefs, par un Tabellion & deux témoins, ou par deux Notaires ; ou par un Huiffier du Siége ayant premiere Jurifdiction fur ledit fief, à l'affiftance de deux recors.

ART. VI. Ne pourront être employés d'autres Tabellions ou Notaires, que ceux qui feront établis dans la Prévôté ou Office, dans lesquels le fief fera fitué.

ART. VII. Ne feront admis pour témoins ou recors, que perfonnes connues & réfidentes dans la paroiffe du principal manoir dudit fief, auquel principal manoir fera fait l'acte de prife de poffeffion.

ART. VIII. En ce qui concerne la vente volontaire des biens de roture, l'acquéreur pourra en être mis en poffeffion par un Tabellion & deux Notaires, ou par un Huiffier à l'affiftance de deux recors; ou par le Sergent des lieux & deux recors; lefdits Tabellions, Notaires, Huiffiers, témoins & recors de la qualité & réfidence avant dite.

ART. IX. S'il y a plufieurs biens indépendans les uns des autres, & faifant corps diftincts & féparés, vendus par un feul & même contrat, l'acquéreur fera tenu de prendre poffeffion dans tous les chefs lieux de la fituation defdits biens.

ART. X. L'acte, exploit, ou procès-verbal de ladite mife en poffeffion contiendra les noms, furnoms & demeures des Tabellions, Notaires, Huiffiers, Sergens, témoins & recors qui y auront affifté; le prix de l'acquifition; s'il a été payé ou laiffé en crédit, & à quelles conditions; fi on a ftipulé des vins, & à quelle fomme ils montent; les nom, furnom, qualité & réfidence de l'acquéreur, la date du contrat d'acquifition, les noms, furnoms & demeures du Tabellion ou des Notaires qui l'auront reçu.

ART. XI. Sera ledit acte, exploit ou procès-verbal, contrôlé & enregiftré au Greffe de la Juftice, qui aura jurifdiction en premiere inftance fur le bien vendu, & ne courra l'an & jour du retrait, que du jour dudit enregiftrement.

Art. XII. Sera payé deux francs au Greffier pour tous droits d'enregiftrement de l'acte de prife de poffeffion d'un fief; autant pour l'expédition fi elle eft requife, & moitié pour les biens de roture, non compris le papier timbré.

Art. XIII. A défaut de ladite prife de poffeffion, ou en cas de manquement à quelques-unes des formalités ci-deffus ordonnées, l'action en retrait lignager durera pendant dix ans, à compter du jour du contrat de vente, paffé pardevant Tabellion ou Notaire.

Art. XIV. Abrogeons l'ufage des publications de la vente, introduit par l'article premier du titre IX de la Coutume de Saint-Mihiel.

Art. XV. Ceux qui ont acquis ci-devant dans ladite Coutume de Saint-Mihiel, & qui n'ont fait faire publications de leurs acquifitions, à défaut defquelles publications, l'action en retrait fe perpétuoit pendant trente ans, pourront fe faire mettre en poffeffion en la forme ci-deffus prefcrite; moyennant quoi l'an & jour du retrait courra le jour de l'enregiftrement de leur mife en poffeffion, nonobftant ledit défaut de publications, finon ladite action en retrait durera encore pendant le tems qui reftoit à écouler des trente ans du jour du contrat, au cas que ledit tems foit moindre de dix années; & s'il en refte davantage, voulons qu'il demeure reftreint à dix ans, à compter du jour de la publication du préfent Edit, dans le Siége ayant Jurifdiction, en premiere inftance fur le bien acquis.

Art. XVI. Et à l'égard des contrats de vente paffés dans les autres Coutumes, avant la publication, comme dit eft, du préfent Edit; le tems de l'action en retrait, qui aura commencé à courir, continuera & finira fuivant leur difpofition.

Art. XVII. Pour exercer valablement le retrait,

en cas qu'il y ait eu prife de poffeffion en forme,
il fuffira au lignager d'offrir deniers à découvert à
l'acquéreur en fon domicile, s'il eft réfidant dans
nos Etats, finon au domicile de fon fermier, locataire ou agent : compter & nombrer le prix principal, & les vins & fomme vraifemblablement
débourfée pour les frais & loyaux-coûts, avec offre
de parfournir s'il échet.

ART. XVIII. Si le prix de la vente n'a pas été
payé en tout, ou en partie, le retrayant fera tenu
de rapporter en fe préfentant au retrait, quittance
ou décharge du vendeur, en bonne & dûe forme,
ou d'offrir caution fuffifante de faire décharger
l'acquéreur.

ART. XIX. Si l'acquéreur réfidant dans nos
Etats, ou le fermier, locataire, ou agent de l'acquéreur étranger, font abfens de leurs domiciles,
les offres faites à la femme feront valables.

ART. XX. En cas d'abfence du mari & de la
femme, fuffira de prendre acte du devoir fait par
le retrayant, de s'être tranfporté à domicile, pour
faire lefdites offres ; compter & nombrer lefdits
deniers, en préfence des inftrumentaires & témoins
de l'acte.

ART. XXI. En cas de refus, les deniers qui
auront été offerts, & qui auront été comptés &
nombrés, & lefdites quittances ou décharges, s'il
y en a, feront confignés entre les mains du Rece-
veur des Confignations du Siége ayant Jurifdiction
en premiere inftance, fur le bien à retirer.

ART. XXII. Et en ce cas d'abfence, les deniers
qui auront été comptés & nombrés, comme dit eft,
& lefdites quittances ou décharges, fi aucunes y a,
feront confignés de même.

ART. XXIII. La confignation fera faite au moins
dans le huitieme jour, y compris celui de la pré-
fentation au retrait.

Art. XXIV. L'acquéreur sera ensuite assigné pardevant le Juge ordinaire de la situation des biens, ayant Jurisdiction sur iceux, en sorte néanmoins que tous lesdits devoirs soient faits dans l'an & jour ci-dessus préfigé.

Art. XXV. Si par un même contrat il y a plusieurs corps de biens, indépendans les uns des autres, & situés dans différentes Jurisdictions en premiere instance, qui soient vendus à un seul prix; le lignager sera tenu de consigner, & d'assigner l'acquéreur au Bailliage ou Siége Bailliager, d'où dépendront tous lesdits biens, & d'y faire ses poursuites pour le tout; & si lesdits biens étoient sous le ressort de différens Bailliages, ou Siéges Bailliagers, lesdites consignations, assignations & poursuites, seront faites en celui desdits Bailliages ou Siéges Bailliagers, sous lequel la plus grande partie des biens vendus sera située, en obtenant ensuite pour l'exécution du Jugement qui y interviendra, *pareatis* pour les biens situés sous les autres.

 # dans lequel l'acquereur sera residant, sinon dans celui des bailliages ou sieges baillagers

Art. XXVI. S'il n'y a eu reprise de possession en forme, & que le lignager veuille se présenter au retrait, suffira qu'il offre somme vraisemblablement déboursée, tant pour le sort principal que pour les vins, frais & loyaux-coûts, & qu'il offre de parfournir: ce qu'il sera tenu de faire dans la huitaine du jour qu'il aura été certioré desdits prix, vins, frais & loyaux-coûts, en satisfaisant au surplus aux formalités contenues ès articles ci-dessus.

Art. XXVII. Seront lesdites offres faites par un Tabellion, assisté de deux témoins, ou par deux Notaires, ou par un Huissier ou Sergent, assisté de deux recors; lesdits Tabellions, Notaires, Huissiers & Sergens, ayant pouvoir d'instrumenter dans les lieux où ils feront lesdites offres.

Art. XXVIII.

Art. XXVIII. Abrogeons toutes autres formalités ci-devant prescrites pour la validité de l'acte de
présentation au retrait.

Art. XXIX. Celui des deux conjoints (ou ses
héritiers) de la ligne duquel ne sera l'héritage qui
aura été retiré pendant le mariage, sera tenu, s'il
en est requis dans l'an & jour de la dissolution dudit
mariage, de rendre la moitié dudit héritage en
payant par le lignager, ou ses héritiers, la moitié
des deniers du sort principal, frais & loyaux-coûts,
bâtimens & améliorations, qui pourront y avoir
été faits.

Art. XXX. Voulons que les dispositions contenues en notre présent Edit, soient suivies &
exécutées dans tous nos Etats, Pays, Terres &
Seigneuries de notre obéissance, nonobstant toutes
Loix, Edits, Ordonnances, Us & Coutumes,
faisans au contraire, auxquels nous avons dérogé
& dérogeons par ces présentes.

Art. XXXI. Seront au surplus lesdites Loix,
Edits, Ordonnances, Us & Coutumes, suivis &
exécutés selon leur forme & teneur, pour les cas
non-exprimés ci-dessus.

Si donnons en mandement à nos très-chers
& féaux les Présidens, Conseillers & Gens tenans
notre Cour Souveraine de Lorraine & Barrois,
Baillis, Lieutenans généraux & Gens de nos Bailliages, Prévôts, Mayeurs, & à tous autres nos
Officiers, Justiciers, hommes & sujets qu'il appartiendra, que ces présentes ils fassent lire, publier,
registrer & afficher par-tout où besoin sera; & le
contenu en icelles suivre & exécuter, sans permettre,
ni souffrir qu'il y soit contrevenu directement: car
ainsi Nous plaît. En foi de quoi Nous avons aux
présentes signées de notre main, & contresignées
par l'un de nos Conseillers, Secrétaires d'Etat,

R

Commandemens & Finances, fait mettre & appendre notre grand fcel. Donné en notre bonne ville de Nancy au mois de Mars 1723.

Signé, LEOPOLD. *Et plus bas*, par Son Alteffe Royale, S. M. Labbé. *Regiftrata*, Tallange.

Lu, publié & regiftré, ouï & ce requérant le Procureur Général de S. A. R. pour être fuivi & exécuté felon fa forme & teneur ; ordonné qu'à la diligence dudit Procureur Général, copies duement collationnées feront envoyées dans tous les Bailliages & autres Siéges reffortiffans nuement en la Cour, pour y être pareillement lu, publié, regiftré & exécuté. Enjoint aux Subftituts du Procureur Général fur les lieux, de tenir la main à l'exécution, & d'en certifier la Cour au mois. Fait à Nancy à l'audience publique de la Cour fouveraine de Lorraine & Barrois, tenue en robes rouges, le Lundi quinzieme Mars mil fept cent vingt-trois, préfens Meffieurs Cueullet & de Gondrecourt, Préfidens au Mortier ; l'Abbé de Mahuet, Confeiller-Prélat ; de Nay, Parifot, Hurault, de Malvoifin, de Lombillon, Baudinet, Duboys de Riocourt, de Sarrazin, Henry de Pont, Viriet de Remicourt, Dauburtin de Charly, Dupuy, Roüot, de Kiecler de Grandemange, Denay de Richecourt, Cueullet, de Villey & Thomaffin, Confeillers.

EDIT DE SON ALTESSE ROYALE,

Qui fupprime les Projets de Coutumes du Comté de Vaudémont & du Bailliage de Châtel.

Vérifié en la Cour le 15 Mars 1723.

LEOPOLD, par la grace de Dieu, Duc de Lorraine, de Bar, de Montferrat & de Tefchen, Roi de Jérufalem, Marchis, Duc de Calabre & de Gueldres, Marquis de Pont-à-Moufton & de Nommeny, Comte de Provence, Vaudémont, Blamont, Zutphen, Satwerden, Salm, Falken-ftein, Prince Souverain d'Arches & Charleville, &c. A tous préfens & à venir, SALUT. On a toujours regardé la multiplicité des Coutumes comme une fource de troubles & de procès. Les plus grands Princes ont fouvent tenté de rendre les Coutumes uniformes dans leurs États : mais quelques habiles Magiftrats qu'ils aient employés à ce grand deffein ; ils n'ont pu y réuffir, par la difficulté de concilier tant d'ufages contraires, qui avoient pris racine chez différens peuples de mœurs oppofées, quoique Sujets d'un même Souverain. Tout ce qu'on a pu faire a été de réformer quelques difpofitions abufives, ou de donner des éclairciffemens fur celles qui étoient obfcures. Nous croirions, comme eux, devoir conferver les différens ufages de tous nos peuples, s'ils étoient bien avérés, en corrigeant feulement ceux qui peuvent être abufifs. Mais comme nous fommes informés que nos Sujets du Comté de Vaudémont, & du Bailliage de Châtel n'ont point de Loix certaines ; qu'ils ne fe réglent que fur quelques Manufcrits inti-

R ij

gulés (projets de Coutumes) répandus parmi les praticiens, que ceux-ci ont copiés, & qu'ils interpretent à leur gré ; que ces Manuscrits ont été rédigés sans aucune autorité ; & que leurs dispositions se trouvent non-seulement contraires les unes aux autres, mais encore à des usages reçus ; Nous avons cru qu'il étoit important pour la tranquillité des Familles de ces Provinces, de leur prescrire des Loix claires, certaines & convenables à leurs mœurs, en les réunissant à celles de notre Duché de Lorraine, dont ils n'ont été séparés anciennement, que pour former l'appanage de quelques Princes de notre Maison. A ces Causes, & autres à ce Nous mouvans, la matiere mise en délibération en notre Conseil, de l'avis des Gens d'icelui, & de notre certaine science, pleine puissance, & autorité souveraine, avons par le présent Edit perpétuel & irrévocable, dit, statué & ordonné, disons, statuons & ordonnons, voulons & Nous plaît, que tous les Manuscrits intitulés (projets de Coutumes du Comté de Vaudémont), & du Bailliage de Châtel) soient & demeurent supprimés. Faisons défenses à tous Avocats, Procureurs & Praticiens, de les citer en plaidant verbalement, ni par écrit ; & à tous Juges d'y avoir aucun égard en leurs Jugemens. Seront tous & chacun nos Sujets desdits Comtés de Vaudémont, & Bailliage de Châtel, soumis aux dispositions des Coutumes générales de notre Duché de Lorraine, que Nous voulons leur servir de Loix, & Coutumes municipales en toutes choses généralement quelconques. Enjoignons à tous nos Juges de s'y conformer pour la décision des procès & différends qui pourront naître entre nosdits Sujets, même entre tous autres, pour raison des biens situés esdits Comtés de Vaudémont, & Bailliage de Châtel ; dérogeant

póur cet effet à tous ufages, ftiles, Coutumes &
réglemens faifans au contraire des préfentes. SI
DONNONS EN MANDEMENT à nos très-
chers & féaux les Préfidens, Confeillers & Gens
tenans notre Cour Souveraine de Lorraine & Barrois, Baillis, Lieutenans-Généraux, particuliers,
Confeillers, & Gens tenans nos Bailliages de Ve-
zelife & de Châtel, Prévôts, Mayeurs, & à tous
autres nos Officiers, Jufticiers, Hommes, & Sujets
qu'il appartiendra, que ces préfentes ils faffent
lire, publier, régiftrer & afficher par-tout où befoin
fera, & le contenu en icelles fuivre & exécuter
felon fa forme & teneur, fans permettre, ni fouffrir qu'il y foit contrevenu directement, ni indirectement : CAR AINSI NOUS PLAÎT. En foi de
quoi nous avons aux préfentes fignées de notre
main, & contrefignées par l'un de nos Confeillers
& Secrétaires d'Etat, Commandemens & Finances,
fait mettre & appendre notre grand Scel. DONNÉ
en notre bonne Ville de Nancy le 10 Mars 1723.
Signé, LEOPOLD. *Et plus bas*, par Son
Alteffe Royale, S. M. LABBÉ. *Regiftrata*,
TALLANGE.

*Lu, publié & régiftré ; ouï & ce requerant le
Procureur-Général de S. A. R. pour être fuivi &
exécuté felon fa forme & teneur ; ordonné qu'à la
diligence dudit Procureur-Général copie duëment
collationnées feront envoyées dans tous les Bailliages, & autres Siéges reffortiffans nuement à la
Cour, pour y être pareillement lû, publié, régiftré
& exécuté. Enjoint aux fubftituts du Procureur-
Général fur les lieux de tenir la main à l'exécution ;
& d'en certifier la Cour au mois. Fait à Nancy
en l'audience publique de la Cour Souveraine de
Lorraine & Barrois, tenue en robes rouges, le
Lundi quinzieme Mars 1723, préfens Meffieurs*

R iij

Cueullet, & de Gondrecourt; Président au Mortier, l'Abbé de Mahuet Conseiller - Prélat ; de Nay, Parisot, Hurault, de Malvoisin, de Lombillon, Baudinet, Duboys de Riocourt, de Sarrazin, Henry de Pont, Viriet de Remicourt, Dauburtin de Charly, Dupuy, Roüot, de Kiecler, Grandemange, de Nay de Richecourt, Cueullet de Villey, & Thomassin, Conseillers.

ORDONNANCE

DE SON ALTESSE ROYALE,

Qui supprime les Contrats de *Nonobstant.*

Vérifié en la Cour le 15 Mars 1723.

LEOPOLD, par la grace de Dieu, Duc de Lorraine, de Bar, de Montferrat & de Teschen, Roi de Jérusalem, Marchis, Duc de Calabre & de Gueldres, Marquis de Pont-à-Mousson & de Nommeny, Comte de Provence, Vaudémont, Blamont, Zutphen, Sarwerden, Salm, Falkenstein, Prince Souverain d'Arches & Charleville, &c. A tous présens & à venir, SALUT. Entre les différens abus que la malice, ou l'ignorance ont introduits dans nos Etats pendant des tems de trouble, Nous en trouvons un dans les stipulations qui se font en fait de vente d'immeubles, qui Nous a paru digne d'être réformé. Quoique la vérité doive éclater dans toutes les stipulations, il s'en fait néanmoins où elle est entièrement éludée par un acte formé séparément de celui de vente, dans lequel, après que le Notaire, ou Tabellion, a déclaré formellement que l'Acquéreur a payé tout le prix de son acquisition, ou

que la vente eſt pure & ſimple, il ſtipule en même
tems, par un acte à part en forme de contre-let-
tre, à laquelle le vulgaire a donné le nom de
contrat de nonobſtant, que le vendeur ſe réſerve
une faculté de Réméré, ou que le tout, ou partie
du prix n'a point été payé; qu'il reſte encore dû
au Vendeur; & que pour ſureté de ſon paiement,
il ſe réſerve privilége, & hypotheque ſpéciale ſur
le bien vendu. La contradiction frauduleuſe de
ces actes, dont les énonciations ſe détruiſent mu-
tuellement, eſt condamnable, non-ſeulement par
le faux qu'elle renferme, mais encore parce qu'elle
tend un piége ruineux à ceux qui ſur la vue du
contrat d'acquiſition quittancé, prêtent facilement
leurs deniers à l'acquéreur, en ſe croyant aſſurés
d'une hypotheque ſur le bien acquis, laquelle ſe
trouve réellement inutile par les réſerves portées
dans le ſecond acte, ou contrat de nonobſtant, ou
acquierent comme bien libre, un immeuble rachetable. Le deſir que Nous avons de faire régner la
bonne foi dans tous les actes de la ſociété civile,
ne Nous permet pas de tolérer un uſage auſſi
abuſif. A ces Causes, la matiere miſe en délibération en notre Conſeil, de l'avis des Gens
d'icelui, & de notre certaine ſcience, pleine puiſſance & autorité ſouveraine, Nous avons fait &
faiſons très expreſſes inhibitions & défenſes à tous
Tabellions & Notaires, de recevoir, ni paſſer, en
matiere de vente & d'achat d'immeubles, dont le
prix n'aura pas été payé comptant, ou pour lequel
on ſera convenu d'une faculté de Réméré, deux
actes ſéparés, l'un pour rendre le contrat de vente
pur & ſimple ou quittancé; l'autre pour réſerver
la faculté de Réméré ou le dû de la totalité, ou
de partie du prix de la choſe vendue, leur enjoignons au contraire de rédiger en un ſeul &

S iv

même acte toutes les conventions des parties, &
notamment d'y exprimer s'il y a faculté de réméré,
& si le prix de la vente reste dû pour le tout, ou
pour partie; sauf à l'acquéreur de faire quittancer
son contrat d'acquisition, à mesure qu'il fera les
paiement du prix qui en restera dû. Déclarons tous
contrats de nonobstant, & tous autres actes de quels
noms ils puissent être appellés, qui seront faits à
l'avenir séparément de celui de vente & d'achat
d'immeubles, pour en modifier, restreindre ou
anéantir les clauses, nul & de nul effet & valeur.
Voulons que les parties qui les auront fait faire,
& les Tabellions ou Notaires qui les auront reçus,
soient condamnés chacun en cinq cents francs d'a-
mende envers Nous, & que lesdits Tabellions &
Notaires, soient en outre pour la premiere fois
interdits de leurs fonctions pour six mois, & privés de leurs Offices pour toujours en cas de réci-
dive. Dérogeons à tous Edits, Ordonnances, Us
& Coutume faisans au contraire. SI DONNONS
EN MANDEMENT à nos très chers & féaux les
Présidens, Conseillers, & gens tenans notre Cour
Souveraine de Lorraine & Barrois, Baillis, Lieutenans-Généraux, Conseillers & gens de nos Bailliages, Prévôts, & à tous autres nos Officiers &
Justiciers qu'il appartiendra, que ces présentes ils
fassent lire, publier, régistrer & afficher par-tout
où besoin sera, & de tenir la main à leur pleine
& entiere exécution, sans permettre qu'il y soit
contrevenu directement ni indirectement : CAR
AINSI NOUS PLAÎT. Et afin que ce soit chose ferme
& stable à toujours, Nous avons aux-présentes,
signées de notre main & contresignées par l'un
de nos Conseillers, Secrétaires d'Etat, Commandemens & Finances, fait mettre & appendre notre
grand Scel. DONNÉ à Nancy le huitieme Mars 1723.

Signé, LEOPOLD. *Et plus bas.* Par Son 'Alteffe Royale, S. M. LABBÉ. *Regiftrata,* TAL-
LANGE.

Lue, publiée & régiftrée; ouï & ce requérant le Procureur-Général de S. A. R. pour être fuivie & exécutée felon fa forme & teneur; ordonné qu'à la diligence dudit Procureur-Général, copies due-ment collationnées feront envoyées dans tous les Bail-liages & autres Siéges reffortiffans nuement à la Cour, pour y être pareillement lue, publiée, régif-trée & exécutée. Enjoint aux Subftituts du Pro-cureur-Général fur les lieux, ed tenir la main à l'exé-cution, & d'en certifier la Cour au mois. Fait à Nancy en l'Audience publique de la Cour Souveraine de Lorraine & Barrois, tenue en robes rouges, le Lundi 15 Mars 1723, préfens Meffieurs Cueullet & de Gondrecourt, Préfidens au mortier, l'Abbé de Mahuet, Confeiller-Prélat; de Nay, Parifot, Hurault, de Malvoifin, de Lombillon, Baudi-net, Duboys de Riocourt, de Sarrazin, Henri de Pont, Viriet de Remicourt, Dauburtin de Charly, Dupuy, Roüot, de Kiecler, Grande-mange, de Nay de Richecourt, Cuellet de Villey, & Thomaffin, Confeillers.

EDIT DE SON ALTESSE ROYALE,

Qui fixe la Majorité à vingt-cinq ans.

Vérifié en la Cour le 15 Mars 1723.

LEOPOLD, par la grace de Dieu, Duc de Lorraine, de Bar, de Monferrat & de Tefchen, Roi de Jérufalem; Marchis, Duc de Calabre & de Gueldres, Marquis de Pont-à-Mouffon & de Nommeny, Comte de Provence, Vaudémont,

Blamont, Zutphen, Sarwerden, Salm, Falkenstein, Prince Souverain d'Arches & Charleville, &c. A tous présens & à venir, SALUT. La fixation de la majorité des enfans de famille à vingt ans, & à vingt-un ans, dans quelques-unes des Coutumes de nos Etats, Nous a paru d'autant plus digne de réformation, que cette disposition est contraire à celles de toutes les autres Coutumes, qui servent de loix à nos peuples, & à celles de presque toutes les Nations, qui les ayant puisées dans la sagesse des Loix Romaines, ont fixé cette Majorité à vingt cinq ans accomplis. L'expérience n'a que trop fait connoître combien une Majorité précoce est préjudiciable à des jeunes gens, peu capables de discerner ce qui leur est avantageux, de ce qui leur paroît agréable. Entraînés par leurs passions, ils courent souvent avec précipitation à leur ruine, & ne se détrompent du mauvais usage de leurs biens, que lorsqu'ils en sentent plus vivement le besoin, en un âge plus avancé, où ils se voient dans la misere. D'ailleurs, le lieu de la naissance déterminant les qualités personnelles, un pere de famille, qui est obligé pour ses affaires, ou pour notre service, de changer de domicile, se trouve quelquefois avoir son fils aîné mineur, tandis que son cadet est majeur, pour avoir pris naissance en différens lieux, soumis à des Coutumes contraires les unes aux autres ; ce qui cause des discussions désagréables dans les familles, dont la paix nous est chere. Ces considérations nous portent à établir une loi uniforme, qui fixe la Majorité des enfans de famille dans tous nos Etats, à un même âge, meur & convenable. A ces CAUSES, & autres à ce Nous mouvans, la matiere mise en délibération en notre Conseil, de l'avis des gens d'icelui, & de notre certaine fcience, pleine puiffance, & autorité fouveraine, nous avons par le préfent Edit, perpétuel & irré-vocable, révoqué, éteint & fupprimé, révoquons éteignons & fupprimons toutes Loix, Statuts, Ufages & Coutumes de nos Etats, Pays, terres & Seigneuries de notre obéiffance, qui fixent la Majorité, & réputent les enfans de famille majeurs avant l'âge de vingt-cinq ans : voulons & nous plaît qu'à l'avenir aucun de nos Sujets ne foit Majeur, ni réputé tel, s'il n'a vingt-cinq ans accomplis. Ne prétendons déroger à la Majorité qui fe trou-vera acquife fuivant les Coutumes, au-deffous de l'âge de vingt-cinq ans, jufqu'au jour de la publi-cation du préfent Edit. Voulons que les fils & filles mariés, quoique mineurs de vingt-cinq ans, ainfi que les veufs & les veuves, foient réputés éman-cipés, & jouiffent de leurs droits. Pourront lef-dits fils de famille mariés, veufs & veuves, & les femmes mineures, de la licence & autorité de leurs Maris, efter en Jugement, contraîter, & faire tous aftes légitimes, concernans l'adminiftra-tion de leurs biens, fans que l'autorité de leurs peres & meres, tuteurs ou curateurs y foit requife. Ne pourront néanmoins valablement aliéner, enga-ger ou hypothéquer leurs biens immeubles, ou au-tres ftipulés propres, avant leur majorité accomplie, s'ils n'obtiennent pour ce le confentement de leurs peres & meres, ou à défaut d'iceux, de leurs tu-teurs ou curateurs ; auquel dernier cas, feront tenus en outre, d'avoir le confentement de notre très-cher & féal Procureur - Général, ou de fes fubfti-tuts, de deux parens paternels, & de deux parens maternels ; dérogeant à cet effet à toutes coutumes, Loix & Ordonnances faifans au contraire, lefquelles nous avons abrogées & abrogeons par ces préfentes. SI DONNONS EN MANDEMENT à nos très-chers & féaux les Préfidens, Confeillers, & gens tenans notre Cour Souveraine de Lorraine & Barrois, Baillis, Lieutenans-Généraux, particuliers, Confeillers & Gens de nos Bailliages, Prévôts, & à tous autres nos Officiers, Jufticiers, Hommes & Sujets qu'il appartiendra, que ces préfentes ils faffent lire, publier, régiftrer, & afficher par-tout où befoin fera, & le contenu en icelle faire fuivre, garder, obferver, fans fouffrir ni permettre qu'il y foit contrevenu directement ni indirectement : CAR AINSI NOUS PLAÎT. En foi de quoi nous avons aux préfentes fignées de notre main, & contrefignées par l'un de nos Confeillers & Secrétaires d'Etat, Commandemens & Finances, fait mettre & appendre notre grand Scel. DONNÉ en notre bonne Ville de Nancy le huitiéme Mars dix-fept cent vingt-trois.

Signé, LEOPOLD. *Et plus bas. Par Son Alteffe* Royale, S. M. LABBÉ. *Régiftrata*, TALLANGE.

Lu, publié & régiftré ; ouï & ce requérant le Procureur-Général de S. A. R. pour être fuivi & exécuté felon fa forme & teneur ; ordonné qu'à la diligence dudit Procureur-Général, copies duement collationnées feront envoyées dans tous les Bailliages & autres Sieges refortiffans nuement en la Cour, pour y être pareillement lu, publié, régiftré & exécuté. Enjoint aux Subftituts du Procureur-Général fur les lieux, de tenir la main à l'exécution, & d'en certifier la Cour au mois. FAIT à Nancy, à l'audience publique de la Cour Souveraine de Lorraine & Barrois, tenue en robes rouges, le lundi 15 Mars 1723, préfens Meffieurs Cueullet & de Gondrecourt, Préfidens au Mortier ; l'Abbé de Mahuet, Confeiller-Prélat ; de Nay, Parifot, Hurault, de Malvoifin, de Lombillon, Baudinet, Dubois de Riocourt, de Sarrazin,

Henri de Pont, Viriet de Remicourt, Dauburtin de Charly, Dupuy, Rouot, de Kiecler, Grandemange, de Nay de Richecourt, Cueullet de Villey, & Thomaſſin, Conſeillers.

EDIT DE SON ALTESSE ROYALE,

Qui défend aux Fils & aux Filles de ſe marier ſans le conſentement de .leurs Peres & Meres ; les Fils avant trente ans, & les Filles avant vingt-cinq ans accomplis.

Vérifié en la Cour le 15 Mars 1723.

LEOPOLD, par la grace de Dieu, Duc de Lorraine, de Bar, ✳ de Montferrat, Roi de Jéruſalem, Marchis, Duc de Calabre & de Gueldres, Marquis de Pont - à - Mouſſon & de Nommeny, Comte de Provence, Vaudémont, Blamont, Zutphen, Sarwerden, Salm, Falkenſtein, Prince Souverain d'Arches & Charleville, &c. A tous préſens & à venir, SALUT. Le Duc Charles III notre triſayeul, ayant reconnu qu'il étoit d'une dangereuſe conſéquence de laiſſer aux enfans de famille la liberté de ſe marier au gré de leurs deſirs, & contre la volonté de leurs Peres & Meres, dans un âge où la foibleſſe, ſouvent même une folle paſſion, ne leur permettent pas de décider avec prudence d'un engagement qui doit faire le bonheur ou le malheur de leur vie ; fit un édit le douze Septembre quinze cent ſoixante-douze, par lequel il obligea les enfans mâles juſqu'à trente ans, & les filles juſqu'à vingt-cinq, d'obtenir le conſentement de leurs peres & meres pour pouvoir contracter Mariage. Cependant une diſpoſition ſi ſage ayant été négligée dans la rédaction poſtérieure de quelques Coutumes de

nos Etats, qui ont laiffé aux enfans la liberté de
fe marier à leur gré à l'âge de vingt ans, en requérant feulement le confentement de leurs parens,
fans néceffité de l'obtenir ; Nous avons cru devoir
réformer un tel abus, qui eft non-feulement contraire au refpect & la foumiffion que les Loix divines
& humaines exigent des enfans envers leurs peres
& meres ; mais qui eft encore nuifible à la paix &
à l'honneur des Familles, où des mariages capri-
cieux peuvent porter le trouble & la honte. En prenant foin de faire refpecter l'autorité paternelle,
Nous n'avons pas cru devoir auffi la porter jufqu'à
l'excès. Nous avons réfolu d'obliger les enfans jufqu'à
un âge meur, à prendre leurs parens pour guides
fur un choix auffi important que celui d'une femme
ou d'un mari ; en cela Nous mettons un frein néceffaire à la fougue de la jeuneffe : mais laiffant enfuite
aux enfans, parvenus à un âge qui doit les faire
préfumer raifonnables, la liberté de fe procurer un
établiffement que leurs Parens auront négligé, nous
fubvenons au peu de naturel, ou à l'indolence de
certains peres & meres, qui trop occupés d'eux-
mêmes, ou de leurs intérêts, penfent peu quelquefois à l'avantage de leurs enfans. A ces CAUSES,
& autres à ce nous mouvans, la matiere mife en
délibération en notre Confeil, de l'avis des gens
d'icelui, & de notre certaine fcience, pieine puiffance & autorité Souveraine, nous avons, par le
préfent édit perpétuel & irrévocable, dit, ftatué
& ordonné, difons, ftatuons & ordonnons, voulons & Nous plaît.

ARTICLE PREMIER.

Que l'Ordonnance du 12 Septembre 1572, foit
exécutée ; ce faifant, que les enfans de Famille ne
puiffent contracter Mariage fans le confentement
de leurs Peres ou Meres, foit que lefdits Peres ou

meres aient paſſé en ſecondes Nôces, ou non.

ART. II. Si leſdits enfans contractent Mariage ſans ledit conſentement, ils pourront être exhérédés.

ART. III. Les déclarons indignes & incapables de tous profits, avantages, donations à cauſe de nôces, & douaires qu'ils pourroient avoir ſtipulés par les contrats de tels mariages, ou qui ſont at-tribués par les Coûtumes aux perſonnes mariées.

ART. IV. Les entremetteurs de tels mariages, & ceux qui aſſiſteront ſciemment, contre l'inten-tion des Péres & Meres, de quelle qualité & con-dition qu'ils ſoient, ſeront punis d'une amende arbi-traire, juſqu'à concurrence du tiers de leur bien ; même de punition corporelle contre les roturiers ſelon les circonſtances du fait.

ART. V. Néanmoins, les Fils dont l'âge excé-dera trente ans, & les filles vingt-cinq, qui contrac-teront mariage ſans le conſentement exprès de leurs peres & meres , & ceux qui les aſſiſteront , ſeront exempts des peines ſuſdites , pourvu que les enfans aient requis par écrit ledit conſentement de leurs peres & meres.

ART. VI. Ce conſentement ſera requis par ſom-mation reſpectueuſe, faite aux peres & meres, par le miniſtere d'un Tabellion aſſiſté de deux témoins, ou par le miniſtere de deux Notaires.

ART. VII. Les enfans qui ſeront en Tutelle ou Curatelle d'autres que de leurs peres & meres , ou de leurs aſcendans, ne pourront auſſi ſe marier avant l'âge accompli de vingt-cinq ans, ſans l'exprès con-ſentement de leurs tuteurs ou curateurs, & de deux de leurs plus proches parens paternels , & autant de maternels, à peine de confiſcation de leurs biens.

ART. VIII. Seront auſſi les entremetteurs des mariages de tels mineurs au-deſſous dudit âge de vingt-cinq ans accomplis, ſujets aux peines portées en l'Article IV.

Art. IX. Dérogeons à tous édits, Ordonnances, Us & Coutumes faifant au contraire des préfentes.

Si donnons en Mandement à nos très-chers & féaux les Préfidens, Confeillers, & gens tenans notre Cour Souveraine de Lorraine & Barrois, Baillis, Lieutenans-Généraux, Confeillers, & gens de nos Bailliages, Prévôts, Mayeurs, & à tous autres nos Officiers, Jufticiers, hommes & fujets qu'il appartiendra, que ces préfentes ils faffent lire, publier, régiftrer & afficher par-tout où befoin fera, pour être fuivies & exécutées felon leur forme & teneur, fans permettre qu'il y foit contrevenu directement ni indirectement : Car ainsi Nous plaît. Et afin que ce foit chofe ferme & ftable à toujours, Nous avons aux préfentes fignées de notre main, & contrefignées par l'un de nos Confeillers & Secrétaires d'Etat, Commandemens & Finances, fait mettre & appendre notre grand Scel. Donné à Nancy le huit Mars mil fept cent vingt-trois.

Signé, LEOPOLD, *Et plus bas*, par Son Alteffe Royale, S. M. Labbé. *Regiftrata* Tallange.

Lu, publié & régiftré ; ouï & ce requérant le Procureur-Général de S. A. R. pour être fuivi & exécuté felon fa forme & teneur ; ordonné qu'à la diligence dudit Procureur-Général, copies duement collationnées feront envoyées dans tous les Bailliages & autres Siéges reffortiffans nuement en la Cour, pour y être pareillement lû, publié, régiftré & exécuté. Enjoint aux fubftituts du Procureur-Général fur les lieux, de tenir la main à l'exécution, & d'en certifier la Cour au mois. Fait à Nancy, à l'Audience publique de la Cour Souveraine de Lorraine & Barrois, tenue en robes rouges le Lundi 15 Mars 1723, préfens Meffieurs Cueullet & de Gondrecourt, Préfidens au mortier ; l'Abbé

de

de Mahuet, Conseiller-Prélat ; de Nay, Parisot, Hurault, de Malvoisin, de Lombillon, Baudinet, Dubois de Riocourt, de Sarrazin, Henry de Pont, Viriet de Remicourt, Dauburtin de Charly, Dupuy, Rouot de Kieclcr, Grandemange, de Nay de Richecourt, Cueullet de Villey, & Thomassin, Conseillers.

F I N.

TABLE
DES TITRES
DES COUTUMES
ANCIENNES ET NOUVELLES.

TABLE DES STYLES

De Procédures d'Affifes & de Juftice.

S ij

DU RÉGLEMENT

Et taxe des honoraires, vacations, salaires & journées.

T A B L E

Des nouvelles dispositions, en interprétation de la Coutume de Lorraine, depuis le regne de S. A. R. LEOPOLD I.

Fin de la Table.

ERRATA *.

PAGE 3, ART. IV, ligne 1, il y en a, *lifez* y en a.
Ibid. ART. VIII. ligne 6, au, *lifez* ou.
Ibid. ART. X. ligne 3, habileté, *lifez* habilité.
Page 8, ligne 4, l'Ordonnance, *lifez* Ordonnance.
Page 9, ART. V. ligne 6, prife, *lifez* prifé.
Page 11, ligne 2, obligé, *lifez* obligée.
Ibid. ligne 9, lefdits, *lifez* defdits.
Ibid. ART. XII. ligne 2, le, *lifez* les.
Ibid. ligne 4, pendant, *lifez* pendans.
Page 13, ART. I. ligne 1, des, *lifez* de.
Page 14, ART. IV. ligne 4, pource, *lifez* pour ce.
Ibid. ligne 6, &, *lifez* en.
Page 18, ligne 6, durant, *lifez* durante, comme au texte.
Ibid. ligne 16, 1549, *lifez* 1594.
Page 19, ligne 11, Tutelles, légitimes, ou teftamentaires.
   lifez Tuteles légitimes, ou teftamentaires.
Page 20, ART. VIII. ligne 6, demeurant, *lifez* demeurans.
Page 23, ART. XI. ligne 4, des, *lifez* de.
Page 25, ART. XIII. ligne 2, il y a, *lifez* y a.
   ART. XV. ligne 6, des *lifez* de.
Page 26, ART. II. ligne 3, *lifez* coërtion, reprimande des
   délinquans.
   ART. III. ligne 1, feuls, *lifez* feule.
   ligne 7, confeffion, *lifez* confeétion.
Page 28, ART. VIII. ligne 2, ait, *lifez* aye.
   ligne 3, eft elle, *lifez* elle eft.
   ligne 7, un tiers appartient, *lifez* le tiers en appartient.
   ligne 11, un tiers, *lifez* & un tiers.
Page 33, ART. VII. ligne 2, fa, *lifez* la.
Ibid. ART. I. ligne 1, &, *lifez* ou.
   ART. III. ligne 2, ou, *lifez* &.
Page 34, ART. V. ligne 18, en fait, *lifez* en a fait.
Page 35, ligne 2, peuvent advenir, *lifez* peuvent le ur advenir.
Page 37, lignes 9 & 10, dedans le clos du Parc, *lifez* dedans
   le clos du Château du Parc.
Page 38, ART. VI. ligne 4, après le mot mois, *mettez une virgule.*

* *Nota.* Quand on cite l'article & la ligne, c'eft de la ligne de
l'article feulement qu'il faut entendre cette indication, & non
de celle de toute la page. Mais quand on ne fait pas mention
d'article, la ligne indiquée eft celle de la page même.

Page 39, ART. XI. ligne 5, faits, *lisez* fait.

Page 40, ART. I. ligne 1, donation, *lisez* donations.

Page 41, ART. IV. ligne 6, Seigneurs, *lisez* Seigneuries.

Page 49, ligne 1, tout, *lisez* tous.

Page 50, ART. XX. ligne 6, lui ait, *lisez* lui en ait.

Page 51, ART. XXV. ligne 4, de, *lisez* des.

Page 52, ART. XXVIII. ligne 2, renteurs, *lisez* reteneurs.

Page 53, ART. I. ligne 1, des, *lisez* de.

Page 55, ligne 2, tenus, *lisez* tous.

Ibid. ART. IV. ligne 6, retrait, *lisez* retraite.

Ibid. ART. V. ligne 4, retraite, *lisez* retrait.

Page 57, ligne 3, le, *lisez* les.

    ligne 6, celui, *lisez* icelui.

Page 58, ART. XIV. ligne 3, le premier mot est, *lisez* &.

Page 59, ART. XVIII. ligne 15, d'échéance, *lisez* de déchéance.

Ibid. ligne 16, n'étoit pas exoire, *lisez* n'étoit que par exoire.

Page 63, ART. III. ligne 2, en a, *lisez* a en.

Page 66, ART. XV. ligne 2, si on, *lisez* si en.

    Ibid. ligne 6, de, *effacez ce mot.*

Page 67, ART. XX. ligne 7, à l'égard, *lisez* à l'égal.

Page 68, ART. XXV. ligne 2, réduit, *lisez* réduite.

Page 69, ligne 6, des titres, *lisez* de titres.

Ibid. ART. V. ligne 3, du, *lisez* de.

    ligne 4, pour, *lisez* par.

Page 70, ART. VIII. ligne 3, usagers ayant, *lisez* usagers y ayant.

Page 71, ART. XII. ligne 2, sont endommagés, *lisez* font le dommage.

Page 72, ART. XIX. ligne 5, du, *lisez* le.

    ligne 6, usager, *lisez* usage.

Page 75, ART. XXXIV. ligne 3, plomp, *lisez* plomb.

Page 78, ART. XVI. ligne 3, change, *lisez* changent.

    ligne 7, ayant, *lisez* avant.

Page 83, ligne 6, n'ayant, *lisez* n'ayent.

    ligne 7, sa somme, *lisez* la somme.

Ibid. ART. XI. ligne 3, maintiennent, *lisez* maintienne.

    ART. XIII. ligne 4, retournant, *lisez* retournans.

    ART. XIV. ligne 3, de, *lisez* des.

Page 84, ART. XV. ligne 1, des, *lisez* de.

Page 86, ART. V. ligne 3, remele, *lisez* remede.

    ligne 4, le troublé, *lisez* le trouble.

    ART. VI. ligne 2, sue, *lisez* sçue.

Page 88, ligne 10, dispositions, *lisez* dépositions.

Page 88, ligne 24, préfens ce, *lifez* préfens à ce.

Page 89, ligne 24, fieur Tremblecourt, *lifez* fieur de Tremblecourt.

Page 91, ligne 26, le prix répondroit, *lifez* le prix ne répondroit.

Page 95, ligne 4, 1509, *lifez* 1599.

Page 96, ligne 8, par, *lifez* part.

Page 97, ligne 33, faits y apportés, *lifez* faits y rapportés.
ligne 36, que, *lifez* par.

Page 98, ligne 6, fouffrant, *lifez* s'offrant.
ligne 12, foy foit, *lifez* foit foy.

Page 100, ART. IV. ligne 5, font, *lifez* fort.

Page 101, ART. VI. ligne 2, réduction, *lifez* déduction.

Page 103, ART. VI. ligne 1, qui font, *lifez* qu'il faut.

Page 106, ART. V. ligne 4, pour être, *lifez* pour y être.

Page 113, ART. III. ligne 3, celui, *lifez* icelui.

Page 116, ligne 9, fouverains, *lifez* fouvenans.
ART. IV. ligne 12, qu'il aura, *lifez* qui l'aura.

Page 118, ART. I. ligne 4, du, *lifez* de.
ligne 11, octroyent différent, *lifez* octroyent, différent.

Page 121, ligne 22, inftruire, *lifez* intruire.

Page 123, ligne 5, *effacez à la fin de la ligne la fyllabe* de.

Page 124, ligne 11, on, *lifez* ont.

Page 129, ligne 11, diligence, *lifez* diligente.
ligne 20, du premier mot de la ligne, *lifez* de.

Page 132, ART. XI. ligne 4, à collufion, *lifez* à la collufion.

Page 133, ligne 2, &, *lifez* eft.

Page 136, ART. III. ligne 5, de ce, *effacez* de.

Page 137, ART. IX. ligne 3, l'adjurante, *lifez* l'adjurande.

Page 140, ART. II. ligne 3, trois, *lifez* tous.

Page 141, ligne 17, tous, *lifez* tout.

Page 144, ART. I. ligne 2, faits, *lifez* faites.
ligne 4, les, *lifez* ce.
ligne 5, reffeance, *lifez* reffeante.
ligne 7, les, *lifez* le.
ligne 11, parties impétrantes, *lifez* partie impétrante.

Page 152, ART. XXV. ligne 3, celui, *lifez* icelui.

Page 157, ART. I. ligne 8, calomnie ès caufe, *lifez* calomnie. Es caufes.
ligne 9, parties, *lifez* Parties.

Page 163, ligne 22, divifion, *lifez* vifion.

Page 168, ligne 20 & 21, récollement & confrontation d'inventaire, *lifez* récollement de témoins, confection d'inventaires.

Page 168, ligne 32, après les mots, ou bien l'extrait, *ajoutez* comme aussi l'extrait.

Page 171, ligne 34, au, *lisez* aux.

Page 173, ligne 5, sera, *lisez* fera.

Page 174, ligne 19, lui, *lisez* hui.

Page 177, ligne 24, le sieur, *lisez* les sieurs.
   ligne 30, maîtres, *lisez* maître.

Page 179, ligne 13, passe, *lisez* passent.

Page 180, ligne 23, avant le survivant, *lisez* avant ledit survivant.

Page 186, ligne avant-derniere, Meschen, *lisez* Teschen.

Page 192, ART. XXV. ligne 12, *après les mots*, ou sieges bailliagers, *ajoutez*, dans lequel l'Acquéreur sera résidant, sinon dans celui des bailliages, ou sieges bailliagers.

Ibid. Tout de suite sous laquelle, *lisez* sous lequel.

Ibid. ART. XXVI. ligne 1, reprise, *lisez* prise.

Page, 193, ligne 34, après le mot directement, *lisez* ni indirectement.

Page 199, ligne 12, &, *lisez* est.

Page 202, ligne 15, des, *lisez* de.

Page 205, ligne 13, après le mot Bar, *effacez*, &. Après le mot Monferrat, *ajoutez* & de Teschen.

Page 207, ART. IV. ligne 2, qui assisteront, *lisez* qui y assisteront.

Page 208, ligne derniere & avant-derniere, CUCULLET de GONDRECOURT, *lisez* CUCULLET & de GONDRECOURT.

Page 212, ligne 25, Maire-Echevin, *lisez* Maître-Echevin.

Page 213, ligne 6, 1584, *lisez* 1594.

www.ingramcontent.com/pod-product-compliance
Lightning Source LLC
Chambersburg PA
CBHW061505030726
47503CB00005B/1814